仕事力を一瞬で全開にする
10秒速読脳トレ®

脳開コンサルタント協会 会長
呉 真由美

青春出版社

PROLOGUE

仕事前たった「10秒」の習慣で「タイパ」は上げられる!

みなさんは**「仕事ができる人」**というと、どのような人物像を思い浮かべるでしょうか。

私はさまざまな企業で脳力開発の研修を行っていますが、社員のみなさんに「どういう人が、仕事ができると思いますか?」と聞くと、次のような答えが返ってきます。

- **意思決定のスピードが速い**
- **時間管理が得意**
- **レスポンスが早い**
- **優先順位をつけるのが得意**

このように、判断するスピードが速く処理能力が高い人を「仕事ができる人」と定義しているようです。

また近年、それを裏付けるように10代から20代のZ世代と呼ばれる若者を中心に、**「タイムパフォーマンス（時間対効果）重視」**（以下、タイパ）の傾向が見られます。

具体的にはZ世代を中心に、動画を1・5倍速で視聴したり、映画やドラマを10分に要約した動画や、10～20秒に内容を詰め込んだショート動画が流行しました。

また仕事においても「タイパ重視」の傾向が見て取れます。短期間で数回の商談で受注できれば「タイパのいいビジネス」となり、それがイコール「仕事ができる人」の条件になっています。

タイパ重視の考え方の根底には、**「時間をムダにしたくない」「短い時間で効率よく結果を出したい」**という思いがあるようです。

そのため、1つの仕事にだけ集中するのではなく、複数の仕事を並行して行う「マルチタスク」ができる人が会社で重宝され、実際にどの業界でも多くの仕事を同時に進められる社員が求められる傾向は、年々強まっているのではないでしょうか。

「タイパ」を上げるカギは「脳」にある

では、タイパをよくするにはどうしたらいいのでしょうか。

そのヒントは「脳」にあります。

本書でご紹介するKUREメソッドは**「速読脳トレ」を行うことで、頭の回転を速くして脳の情報処理能力を上げることを目的**としています。

「速読脳トレ」という言葉を聞くと、単に速く本が読める方法と思うかもしれませんが、脳自体を活性化させる効果があり、本が速く読めるだけでなく、仕事やプライベートなど、あらゆる場面で最高のパフォーマンスを発揮することができるようになっていきます。

仕事前「10秒」の習慣で時間が増える

本書では、ＫＵＲＥメソッドである「速読脳トレ」の基本をお伝えするとともに、仕事を効率よく進めるために、普段の生活のなかでどのように取り入れていけばいいのかを、具体的にアドバイスしていきます。

わかりやすく言うと、**「頭のネジの巻き方」**をお教えします。例えば、オルゴールを思い浮かべてみてください。オルゴールはネジをめいっぱい巻いたあとは、リズムよく音楽が流れますが、次第に音楽がゆっくりになり、そのうち止まってしまいます。

頭の回転も同じです。最初にしっかり頭のネジを巻いて情報処理能力を上げても、そのうちゆっくりになります。

そこで、そうなる前、仕事の前や合間に10秒「速読脳トレ」を行います。すると頭のネジがまた巻かれることで頭の回転は速いまま、テキパキと仕事をこなし続けることができるようになります。それこそ、タイパが上がることで仕事の成果もどんどん上がっていくのです。

私は、これまで多くのアスリートたちの脳力アップのお手伝いもしてきましたが、「速読脳トレ」を行うことで、スポーツ選手が自らのパフォーマンスを最大限に発揮することができるようになるのを目の当たりにしてきました。

スポーツの世界では、頭の回転が速くなると、「ボールがゆっくり見える」とか「パスを出すコースが一瞬でわかる」といったことが起こります。それはビジネスシーンでも同じです。

「時間がゆっくりに感じる」「仕事がすごくはかどっているけれど、ミスがない」という高いパフォーマンスを発揮することができるのです。

例えば、パソコンを最先端の機能にバージョンアップしても、メールを送ることにしか使っていなかったら、ただの宝の持ち腐れです。また、最高速度が３００㎞出せるスポーツカーを運転していても、30㎞しか出さなかったらスポーツカーの意味がありません。

このように、ただやみくもに高性能でも意味がないのです。大切なのは、どこに向かうのか、どのような結果を出したいのか、自分自身でハンドリングすることです。自分の脳力を何に、どのように使うのかなどの考え方と、情報処理能力を両輪で動かしてこそ、タイパも仕事の結果もついてくると言えます。

仕事だけでなくプライベートも充実する

またもう1つ、「速読脳トレ」を習慣にして、脳のパフォーマンスを上げていく大きなメリットがあります。それは仕事が早く片づくので、プライベートの時間が確保できるようになることです。

趣味や家族のために時間を使えるようになると、確実にワークライフバランスは向上します。

時間に余裕ができることで、ストレスも軽減され、それがまた仕事のパフォーマンスの向上にもつながっていきます。

このように脳の使い方を変えていくと、生活全体の質が向上していきます。

そのカギは、ズバリ**「頭の回転の速さ」**が握っています。頭の回転が速くなると、情報処理能力も上がり、仕事のタイパも上がります。時間に余裕ができることでプライベートも充実します。また、ストレスが軽減されることで生活のリズムも整い、健康的な生活が送れるようになります。

このように、「速読脳トレ」を取り入れた方は、仕事やプライベートでさまざまな変化を実感されています。それは決して特別なことではありません。

仕事の合間に「たった10秒」を変えるだけで、あなたの脳力は確実にアップします。忙しい人ほど、その驚くべき効果を実感していただけることでしょう。

CONTENTS

PERFORMANCE 2

「速読脳トレ」で最速で最大の成果が手に入る！

毎日がうまくいく！　「速読脳トレ」のメリット

PERFORMANCE 3

PERFORMANCE 4

「速読脳トレ」の基本をマスターしよう

PERFORMANCE 5

脳への「10秒チャージ」で仕事が速くなる！

「速読脳トレ」を習慣化する7つのコツ

PERFORMANCE 6

「速読脳トレ」で変化を実感した方々の声！

「速読脳トレ」を続けることで
どのような変化があったのか
体験エピソードを紹介します。

仕事の資料の誤字・脱字によく気が付くようになった
（28歳・商社勤務）

しゃべりながら文字を書く
パソコンで打つなど
並列処理ができるようになりました
（37歳・団体職員）

気持ちに余裕が持てるので人にやさしくなれてイライラしなくなった
（31歳・公務員）

行動が速くなったので時間が以前よりも空くようになりました
（34歳・銀行員）

時間の流れが遅く感じる機会が増えた
（40歳・ＩＴ会社勤務）

多くの情報のなかから必要な情報をすぐに見つけ出すことができるようになった
（41歳・プログラマー）

「時間がかかるからやめておこう」と思ったことでもすぐに手を付けてやり終えるようになった
（49歳・メーカー勤務）

日常的に心身を健やかに保つことができるようになりました
（33歳・保育士）

仕事でお客さまから声がかかるようになりました
（45歳・営業）

見通しが強化され戦略が増えた。
交渉カードが増えたことで営業成績が上がった
（50歳・損保会社勤務）

PERFORMANCE

1

なぜ、仕事術だけではタイパが上がらないのか

仕事のやり方を変えるだけでは、タイパは上がらない

現代の日本企業は、人手不足による少ない人員のなか、いかに生産性を上げるかが求められています。また、国がワークライフバランスを奨励したことで、多くの企業が残業禁止になりました。

しかし、肝心の仕事量は変わりません。よって仕事を「宿題」にして自宅に持ち帰って帳尻を合わせたり、業務時間内に急いで仕事をしたりすることで、かえってミスを連発する悪循環になっている人も多く見受けられます。それはあなたに能力がないのではなく、単に仕事量が多すぎることが原因かもしれません。

だからといって「キャパオーバーだから仕方ない」と仕事を投げ出すこともできま

せん。そこで、仕事の量が変わらないとしたら、まずはやるべきことの優先順位をつけることを考えるのではないでしょうか。しかし、やることが多くても、どれも最優先で大切な仕事だったとしたらどうでしょう。そうなると、スケジュール調整や優先順位をつけるだけでは、タイパを上げることはできません。

そもそも、頭の回転が遅いと優先順位がつけられません。できたとしてもスケジューリングに時間がかかってしまっては、時間的にはかなりのロスです。

仕事の量は変わらないので、ただせわしなく時間に追われるだけで、それによってストレスがたまっている人も多いのではないでしょうか。

私がある企業で行った研修に参加していた社員は、こう話してくれました。

「去年、社内のプロジェクトチームのリーダーになりました。

最初こそやる気いっぱいだったのですが、いざプロジェクトが始まってみると、チーム内の進行や予算管理、後輩たちへの指示やミスの尻ぬぐいに終われ、本来、やるべき自分の仕事がどうしても後回しになってしまいました。

とにかく1日がアッという間に終わり、『今日もやるべきタスクが半分もできなかった』とため息が出る日も。疲れとストレスから、どんどん頭の回転が鈍っている感じ。臨機応変に仕事の優先順位をつけたり、瞬時に判断できれば、もう少し仕事をうまく回していけるのですが……」

その社員は明らかにどんよりした表情で語っていました。

このような状況になっているときに「スケジュール管理のやり方」といった単なる仕事術は役に立ちません。なぜなら、**そもそも情報処理能力がぐんと落ちている状態であることが問題**だからです。

自分が意識する、しないにかかわらず、人は毎日、常に無意識レベルで数多くの決断を下しています。

当たり前ですが、**人間のすべての思考、行動は脳が司《つかさど》っています**。頭の回転が遅ければ、決断をするにも時間がかかります。さらに、決断したことが間違っていた場合、リカバリーするにも時間がかかってしまいます。

効率を上げたいなら「脳の使い方」を変えるのが近道

仕事でタイパが求められるようになった理由の1つとして、若い世代を中心に「仕事を効率よく進めて、プライベートな時間を充実させたい」という意識が強くなったことが挙げられます。

ある若手の社員に聞いた話です。

「上司が『自分の若い時代には深夜まで残業するのが当たり前だった』『休日返上で働いた』などの話を自慢げにしているとガッカリします。ムダに長いだけの会議、会社での飲み会など、タイパが下がることはなるべくしたくありません」

上司の昔話や飲み会がムダかどうかは置いておいて、問題は表面的な仕事の取り組み方や意識の問題ではなく、「脳の使い方」を変えていないことだと私は考えています。

要は**脳をバージョンアップする**こと。そうすればタイパは必然的に上がっていきます。「速読脳トレ」で情報処理速度を上げておくと、誰でも「マルチタスク」ができるようになります。

本来、脳の処理スピードはとても速く、処理できる情報量も膨大です。脳は仕事を同時進行するマルチタスクもラクラクこなせるほどのキャパシティを持っているのです。

本書では「速読脳トレ」を行うことで頭の回転を速くして、なおかつ同時に視野を広げるトレーニングも取り入れていきます。

視野が広がることで、全体像を把握する力が養われます。多くの情報のなかから、自分が取り組んでいる仕事に役立つ情報や意見をすばやくキャッチすることができれば、業務効率はアップしていきます。当然、資料を読み込むスピードもアップするので、それだけでもタイパが上がっていくでしょう。

このように、**仕事の効率を上げるには、さまざまな仕事術を取り入れるよりも、脳そ**

のものにアプローチするほうが効果的なのです。

車にたとえると、旧式で燃費の悪いエンジンなのに、ボディだけ最新でピカピカにしても車の性能自体は変わりませんよね。同じように、仕事術だけを身につけても、脳の情報処理能力が同じであれば、根本的には何も変わりません。

まずは脳というエンジンを最新バージョンに進化させることを目指しましょう。

脳の情報処理能力が上がれば、自分の可能性が広がる

頭の回転が速くなることで、情報処理能力が上がるだけでなく、ものごとの本質を見

極められるようになります。

実際、こんなことがありました。

私がある都道府県で偏差値トップの高校の野球部に「速読脳トレ」のメソッドを教えていたときのことです。

高校の野球部は冬場に試合ができないルールになっています。そのため、自分たちの実力を知ることができません。ですから生徒たちには、

「みんなは冬の時期は仕方ないと思っているかもしれないけれど、今が一番大事だからね。今のこの時期、しっかり技術と身体づくり、脳のパフォーマンスを上げておくんだよ」

と話していました。

その話を聞いた生徒たちは、顧問の先生に、「僕たち、冬の時期こそ一番大事なんですよね！　だから今の時期しかできないトレーニングをもっと頑張ります」と話しました。

野球部の子たちが、「速読脳トレ」を続けることで、今の自分たちに本当に必要なこ

とは何かを、自分たちで判断できるようになったということです。さらには、「ぼくたち、本気で甲子園を目指します！」と、私と顧問の先生に宣言してくれました。これは大きな成長です。

脳をバージョンアップしていくと、自分の可能性に期待できるようになります。これまでは勝手に「自分たちのレベルでは甲子園なんて無理」「勉強と部活を両立するのは大変」と、思い込みでブレーキをかけていたのが、「自分たちだってやればできる」と思えるようになるのです。

このように脳のブレーキを外していくと、「どうすればできるようになるのか」という視点でものごとを見ていくようになります。

人は日々、たくさんの決断や選択をしていますが、自分の可能性に期待できるようになると、脳は「できるようになるための選択」を自然と選び取るようになるのです。

また、「速読脳トレ」を続けて、脳をバージョンアップしていくと、とくにスポーツをやっている生徒たちは、「文武両道」になりやすいです。スポーツをやってきた子たちは、積み上げてきたことで成果を出してきているので、日々、試合に勝つために必要なトレーニングをコツコツ続けています。

それを勉強にも置きかえて、スポーツと同じように基礎を積み上げて勉強することができるため、「文武両道」を実現することができるのです。

逆に「スポーツが苦手で勉強ができる子」がスポーツでもトップを狙ったり、「文武両道」で頑張ることのほうが難しく、やはりスポーツをずっとやっていた子が脳力アップして、勉強も頑張るほうが結果を出しやすいと言えます。

〝脳力〟の差で仕事力にも差がつく

あるとき、ある企業の人事担当者から、連絡が入りました。

「先生、急で申し訳ありませんが、わが社の「速読脳トレ」研修を再開していただけませんか？」

と、少し慌てた様子でした。その企業は、新型コロナの感染拡大前には定期的に「速読脳トレ」の研修を社員のみなさんにやっていただいていたのですが、オンラインでしか開催できなくなったことで、しばらく研修をお休みしていたのです。

ところが、研修をお休みしていた2年ほどの期間で、新入社員や中途社員が入ったことで、これまで「速読脳トレ」を研修でやって持続してきた社員と、受講していたない社員とで、仕事のレベルに大きな差が出てしまった、ということでした。

「速読脳トレ」をやっている人と、そうでない人が同じ職場で仕事をしているからこそ、仕事を進めるスピードや量、情報処理能力や判断力の違いが明確になったのでしょう。

これはできない人が悪いのではなく、やはり常に脳のバージョンアップをし続けている人と脳力の差がついてしまうのは、ある意味、仕方がないことです。

現在は、新入社員をメインに「速読脳トレ」の研修を再開し、みなさん、みるみる脳力アップを実感していただいています。研修を行うごとに、「苦手だったマルチタスクができるようになった」など、うれしい感想をいただいています。


また、ある企業では「新人研修」でのみ、トレーニングを行ってほしいという依頼がありました。でもそんなことをすると、どうなると思いますか？　部下たちの脳力がどんどん上がっていき、そのうち上司を追い越してしまいます。

そのため、私は企業研修を行う際は、

「最初に経営陣や幹部の人たちから『速読脳トレ』を受けてください」

とお願いしています。

なぜかというと、新人の方たちは仕事ができるようになりますが、やがて上司をバカにしてしまうという弊害が起こってきてしまうからです。

その理由は、「速読脳トレ」により、脳の機能そのものが上がると、**自分にとって何がプラスになるかならないか、相手が口先だけで言っているのかどうかといったことが見極められるようになる**からです。

そこでまずは、会社の経営陣、幹部、上司に頭の回転を速くしてもらうことが欠かせません。「速読脳トレ」で自らの情報処理能力を上げた状態で、その後、新人や部下も「速読脳トレ」を行ってもらえば、会社の実績は自然に上がっていくのです。

頭の回転が速くなると、結果的に理解度も上がる

「『速読脳トレ』をするようになって本が速く読めるようになったのですが、本当に理解できているかが疑問です」

と言われることがあります。

これは「速読脳トレ」に関して多い誤解の1つです。

確かに頭の回転を速くすると、本を読むのは速くなりますが、なんでもすぐに理解できるようになるわけではありません。

例えば、あなたが難しい六法全書を読んだとしても、法律の知識がなければ意味がわからないでしょう。読むのが速い・遅いにかかわらず、その分野の知識がなければ

理解はできないということです。

それでも「速読脳トレ」が最強なのは、同じ時間でも本を速く、しかもたくさん読めるので、結果的にはスピーディーに多くの知識を増やすことができる点です。

さらに、本を速く読めることで、短い間に何度も読み返すことができるため、難しい分野のことでも速く理解できるようになるというメリットがあります。

わかりやすく言うと、「速読脳トレ」により、3日かけて読んでいた本が1日で読めるようになる、さらに同じ本を繰り返し読むことで理解度が上がるということです。

結果的に、ものごとを速く理解できるようになるのです。


「速読脳トレ」を始めたばかりの人からは、よく、

「本が速く読めるだけでなく、人が話すスピードにも対応できるようになったことで、お客様とのコミュニケーションが円滑になりました」

「プレゼンの資料作成で、たくさんの専門書を読むことに時間を取られていましたが、『速読脳トレ』を始めてからは、読み込む時間が速くなったことで、理解する時間も速

くなった気がします」

といったお声をいただきます。

このように、**脳の情報処理能力が上がると、さまざまなことに対する理解力も深まっていく**のです。

本章のポイント

残業禁止、キャパオーバーでも、脳をバージョンアップすればタイパは勝手に上がっていく

PERFORMANCE

2

「速読脳トレ」で最速で最大の成果が手に入る!

大人になると、なぜ1日があっという間に過ぎるのか

「脳の情報処理能力はもともと速い」という話をすると、なかには「それは生まれつき頭の回転が速い人の話でしょう？　自分はもともと頭の回転が遅いのです」と言う人がいます。

しかし、**私たちの脳は、生まれつきすごい〝脳力〟を持っている**のです。

前章で、「頭の回転を速くする」とお話ししてきましたが、実は「赤ちゃん時代が一番、頭の回転が速い」と言ったら驚かれるでしょうか。

私のセミナーを受講していただいた方のなかには、「子どもの頃の時間の感覚を思い

出しました」と言う人がけっこういらっしゃいます。

小学生の頃は、友だちと遊んでいた放課後の時間を、半日くらいに感じていませんでしたか？　しかし、実際には2時間くらいだったはずです。

なぜ、このようなことが起こるのでしょうか。

カギを握っているのが「体感時間」です。実は時間には、物理的な時間と心理的な時間があるのです。心理的な時間、つまり「体感時間」は、大人よりも子どものほうが長くなります。

実はこれには、「頭の回転」がかかわっています。赤ちゃんの頭の回転は速いと述べましたが、成長するにつれて、頭の回転はゆっくりになっていきます。仮に子どもが1時間で3回転だとしたら、大人の場合は1時間で1回転くらいになります。逆に言えば、大人の3回転は3時間。大人になると時間が経つのを速く感じるのはそのためです。

しかし、「速読脳トレ」を行うと、子ども時代のように頭の回転が速くなるため、時間がゆっくり進んでいるように感じられるというわけです。

脳はスピード狂!!
速ければ速いほどパフォーマンスが上がる

カフェでお茶をしているとき、それまでは店内に流れるBGMを気にもとめなかったのに、自分が好きな曲になったとたん、はっきりと耳に入ってきたり、パーティーなどの会場で自分の名前を呼ばれたときに思わず振り返ってしまった、といった経験は、誰しもあるのではないでしょうか。

これは、**脳は自分に関連のある情報を常に取捨選択している**からです。

また、夢を見ているとき、夢のなかでは1日の出来事のように思えても、実際には数分しか経っていなかった、ということはありませんか？　これは脳全体がハイスピードで情報処理をしているために起こることです。

寝ているときは脳に負荷がかからないので、素の状態で高速回転しています。ところが起きている間には「本はゆっくり読んだほうが理解できるはず」「仕事は時間をかけて丁寧にやるべき」など無意識のうちにブレーキをかけてしまい、回転が鈍くなっているのです。

脳は、本来は速く処理できるのに、わざわざゆっくり処理している状態だと、とても疲れてしまいます。

例えば、1文字ずつのカードを出されて「き」「ょ」「う」「の」「て」「ん」「き」「は」「、」「は」「れ」と読んでいくと、一瞬、何のことかわかりづらいですね。

「きょうのてんきは、はれ」と1文で出されたほうが、すぐ理解できます。

よく「ゆっくり読んだほうが理解できる」と言われますが、このことからも、情報量が多いほうが脳はスピーディーに処理できることがわかるでしょう。

「速読脳トレ」で文章を速く読めるようになると、脳にとっては負担になるのではないか、と思われるかもしれませんが、**脳はもともと情報処理能力が高いので、たくさんの情報が送られてくるほうが、心地がいい**のです。

例えば、ハイスペックのエンジンを搭載しているのに、ずっとのろのろ運転をしているようなもので、本来の性能が活かせなければ、エンジンの調子も悪くなってしまいます。

「速読脳トレ」を続ければ、脳が快適なスピードで処理ができるようになるので、常にベストな状態で仕事に臨めるようになるでしょう。

「気づいたら仕事が終わっていた」というとき、脳はどうなっているのか

例えば、「今日は仕事がはかどったな」と感じる日のことを振り返ってみてください。

きっとせかせかと慌てたり、焦ったりすることなく、時間がゆっくりと過ぎていくように感じられたのではないでしょうか。

野球やサッカーなどのスポーツの世界でも、ボールがゆっくり感じるとか、周りがゆっくり動いているように感じる、という話は聞いたことがあると思います。

身近な例では、走っていて転びそうになったときに、一瞬スローモーションに感じるような経験をしたことがありませんか？　このとき、脳は高速回転しています。

このような状態のことを、スポーツの世界ではよく「ゾーンに入る」と言われているようですね。脳が高速回転していると、時間が止まったかのような、研ぎ澄まされた感覚を味わい、短い時間のなかで適切な判断ができるようになります。

これは**脳がリラックスしているけれど、多くの情報を瞬時に取り入れ、臨機応変に対応できる状態**になっているからです。時間がゆっくり進む感覚になるので、想定外のことが起こっても冷静に対処できるようになります。

また、周囲の状況も見えている状態なので、人からの呼びかけにも反応でき、突発的に急ぎの用件が入っても慌てることがありません。

1つのことだけしているときと違い、仕事や課題などのミッションを成功させるための最良の選択をできるようにもなります。

そのときも脳が高速回転している状態なので、焦ったり追い詰められた状態ではなく、ゆっくりとした時間の感覚のなかで、最適な答えを導き出すことができるのです。

結果的に、ムダなく仕事を進めることができるので、このような状況をつくることがタイパを上げる近道と言えるでしょう。

これまで、脳のパフォーマンスを最大限に上げるには、呼吸法や瞑想といった特別な訓練が必要で、それを会得した人がトップ選手になれると言われてきました。

しかし、誰でもそのような状態に入ることが可能です。その方法こそが、「速読脳トレ」なのです。

「速読脳トレ」を続けると「すごい」状態が「普通」になる

「仕事ですごい人になりたい」

「すごい目標を達成したい」

このように目指すことは、悪いことではありません。

しかし、「すごい人」を目指してしまうと、目標を達成することがゴールになってしまい、それ以上、成長できなくなってしまいます。

私がおつきあいのある会社に、支社での営業成績がずっとナンバー1の社員がいました。周囲からは「すごいね」と称賛されるものの、本人はいつしかその状況が「普通のこと」になりました。今は、本社も併せたグループ会社全体でナンバー1になることを目指しているそうです。

このように最初は手に届かない「すごいこと」を目指していても、自分自身が成長していけば、その「すごいこと」はいつしか「当たり前のこと」になっていきます。

「速読脳トレ」で、頭の回転を速くすると、例えばこれまで10の力でしかできなかった仕事が20、30とできるようになります。

それが続けば日々、30の力で仕事を進める状態は「普通」になります。さらにいいのは、100の力があるなかで、余裕を持って30や40の力で仕事を進めることです。

もちろん、必要であれば100の力でもできます。でも、余裕を持って仕事を進めるには、余力を持つことが大切です。

このように、**自由自在に自分のパフォーマンスを発揮できる状態が、本当の意味で「すごい」こと**なのです。

余談ですが、将棋の世界で史上初の八大タイトルを全冠制覇した藤井《ふじい》聡太《そうた》さんは、テレビのインタビューで「本当にすごいですね。ご自身ではどのように実感されていますか？」と質問されたとき、このように答えていました。

「まだまだ自分には課題があり、もっと精進しなければと思っています」

あれほどの偉業を成し遂げた藤井さんにとって、八冠をとったことは「すごい」ことではなく、「普通」のことなのです。だからこそ、「まだまだ上を目指すための課題」を見つけられるのではないでしょうか。

人には「3つの頭の回転」がある

あるビジネスパーソンから、このような話を聞きました。

「漫画は速く読めるのに、一般書はゆっくりしか読めないのです。本当は一般書も速く読めるようになりたいのですが……」

このようなケースはよくあります。

なかには、ビジネス書は速く読めても、小説はゆっくりとしか読めないという人もいるでしょう。

ちなみに私は、漫画を読むスピードは一般書より遅いほうです。なぜなら絵と吹き出しの両方を同時に見て読まなければならないからです。

もちろん、速く読むことはできますが、そのスピードを自分で自由に選べることのほうが大切です。**単に速く読むことがゴールなのではなく、場面によって自分で読むスピードを調節できるようになるのです。**

これを理解するには、まず「頭の回転」について理解することです。

人には本来3つの頭の回転があります。「持っている回転」と、「つくっている回転」、そして「使っている回転」です。

「持っている回転」とは、その人が本来持っている自然な頭の回転のことを指します。

「つくっている回転」とは、頑張ろうとアクセルを踏みにいくような状態のこと。
「使っている回転」とは、アクセルをめいっぱい踏んでいるのに、ローギアのままという状態を指します。

この3つの回転がバラバラだと、脳は高いパフォーマンスを発揮できません。「速読脳トレ」は、本来持っている高性能な脳力をそのまま使えるようにしてあげるトレーニングなのです。

3つの頭の回転の歯車が合うと、これまで述べたように時間をゆっくり感じたり、仕事がミスなくスピーディーにはかどるようになります。

頭の回転をコントロールできれば、「速い」「ゆっくり」も思いのまま

また、脳力が上がって3つの頭の回転の歯車が合ってくると、スピード調整ができるようになります。

先ほどの漫画と一般書を例にすると、頭の回転が100ある人が、漫画を読むときは100の回転を使い、一般書には60の回転をつくって対処しているとします。これを本人が無意識でやっている場合は、「なぜ、一般書は漫画みたいに速く読めないのだろう」と思いますが、本人が意識的に「漫画を読むときは本来の速さで読み、一般書はあえてスピードを落とした頭の回転をつくって読もう」とスピード調整できたら最高だと思いませんか？

仕事のタイパを上げるため、仕事に関する資料やビジネス書はマックスのスピードで読む一方で、趣味の漫画や小説はあえてスピードを落としてゆっくり読む、といった使い分けができるようになるのです。

そのためには、まずは頭の回転をより速くすること。**普段から自分の脳力のパフォーマンスを最大限に発揮できる状態にしておけば、あとは臨機応変にスピード調整していくことが可能になります。**

例えば、１００ｍを10秒で走れる人は、１００ｍを15秒でも走れます。でも、その逆は無理なように、基本のスピードさえ速い状態にしておけば、あとは状況に合わせてスピードを調節できるわけです。

この方法は読書だけでなく、もちろん仕事にも応用できます。本当の意味でのタイパとは、頭の回転は速いけれど、余裕を持って行動できることです。そうすればミスやムダな行動がなくなり、結果的にタイパがよくなります。

あるビジネスパーソンの方は、

「月末の忙しくなる時期は、頭の回転をマックスにしてスピーディーに仕事を処理していますが、忙しくない月初には、そこまで社内でスピードが求められないので、ゆっくりと仕事を進めています。大事なのは、時間に追われないこと。自分で時間や仕事を上手にコントロールできることではないでしょうか」

と話していました。

このように、「使う頭の回転と、つくる頭の回転」を上手に使い分けられたら、仕事もプライベートも充実した時間を過ごせるでしょう。

また、仕事のタイパを上げるということは、社内で自分だけがスピーディーに仕事を進められればいいわけではありません。

早口でしゃべってせかせかしている人と、頭の回転は速いけれどゆっくりしゃべる人とでは、周囲とのコミュニケーションは違ってきます。周囲の人とも上手にコミュニケーションを取りながら仕事をしていくためにも、スピードだけを求めるのではなく、それを調節できるようになることが大切なのです。

視野が広がることで、いろいろなことが「同時進行」できる

仕事ができる人の条件として、同時進行でいくつもの仕事をこなす「マルチタスク」が挙げられます。

「速読脳トレ」で脳の情報処理能力を上げると、誰でもこの「マルチタスク」ができるようになります。脳はさまざまな部位と連携しているので、それぞれの機能が高速で処理できるようになることで、複数のことを同時に進められるようになります。

マルチタスクのポイントになるのが、**視野の広さ**です。視野が広いと、それだけ多くの情報をキャッチできるようになります。

よく、勉強でも仕事でも「もっと集中しなさい」と言う人がいますが、何かに一点

集中しているときというのは、人はどうしても視野が狭くなります。すると、限られた範囲の情報でしか判断できませんから、情報処理能力が下がってしまいます。一点集中することは一見いいことだと思われがちですが、そうとも言えないのです。

脳は、一点集中して狭い視野で情報を受け取るよりも、広い視野でとらえて多くの情報を一度に受け取れたほうが、いくつもの仕事を並行して進めることができるようになります。その結果、マルチタスクが可能になるのです。

これまで「1つの仕事をするのがやっと」と思っていた人も、視野が広くなることで、仕事の全体像を俯瞰《ふかん》して見られるようになり、いろいろなことを同時に進めていけるようになります。

ちなみに、「速読脳トレ」を続け、料理をしながらテレビのドラマのストーリーを追えて、家族と会話をすることができるようになった方もいます。

また、友人と電話をしながらテレビを見て、その番組の内容を電話で友人と話しながら、足のマニキュアを塗れるようになった、などのご報告もあります。

これは仕事でも同じです。パソコンでメールをチェックしながら、プレゼン資料を作成し、後輩からの仕事の問い合わせに対して指示を出す、といったことができるようになるのです。

このようにマルチタスクができる状態は、脳にとってとても心地がいい状態でもあります。

脳は「ながら作業」が大好き

「しんとした静かな場所のほうが集中できて、仕事がはかどる」と思っている人は多いのではないでしょうか。

しかし、脳は本来、並列処理をしているほうが快適だと感じます。例えばＢＧＭが流れている場所で仕事をするといった**「ながら作業」を脳は好む**のです。

また、カフェなどで人の会話が周りから聞こえたり、音楽がかかっているなか、コーヒーを飲みながらノートパソコンを広げて仕事をしたり、勉強している人もけっこういますね。

このように、まったくの無音よりもある程度音があるほうが、脳が全体的にバランスよく働き、作業がはかどることがわかっています。

よく図書館のような静かな場所で勉強したほうがはかどる、という人がいますが、先ほども述べたように、１つのことだけに集中すると視野が狭くなり、脳の作業効率が下がります。自分では静かな場所のほうがいい、と思っていても、脳にとってはあまり効率アップになっていないのかもしれません。

もう１つ、具体例を挙げましょう。

あなたが１００本の爪楊枝を１㎝間隔でテーブルの上に置いていく、という作業を任されたとします。その際、以下の条件のなかから1つ選べるとしたら、どちらを選びますか。

① 1人で静かな部屋にこもって、黙々と作業をする。

② 友人たち数人で同じ部屋でしゃべりながら、それぞれ100本並べていく。

実際にやってみるとわかるのですが、適度におしゃべりしながら手を動かしたほうが、あっという間に作業は終わります。

静かな環境のほうが、はかどってラクだと思いがちですが、実は1人で黙々と作業するのはかなりしんどいものです。

よく「しゃべらないで、手を動かせ」と言う人がいますが、脳にとっては「しゃべりながら並列処理」しているので機能がアップしている状態なのです。

他人としゃべりながらではなくても、鼻歌を歌いながら家事をしているほうが、はかどったりしませんか？　これは「歌いながら」作業することで、脳が気分よくリラックスしている状態になり、パフォーマンスがアップするからなのです。

「脳波」という言葉からもわかるように、「波」は「リズム」であり、軽快なリズムの音楽に脳は同調します。そこで頭の回転を速くしたかったら、ゆっくりした曲よりも、テンポのいい音楽を流すようにしましょう。

「これ」を取り入れただけで、仕事がはかどる人が続出！

ある会社に企業研修に行ったときの話です。その会社では、１００人ほどの社員さんが、静かなフロアで仕事をしていました。そこで私は、

「これだと効率が悪いから、何か音楽をかけてください」

とお願いしました。

実はその会社では、以前は音楽をかけていたのですが、数人の社員が「音楽が鳴ってると気が散る」というのでやめたとのことでした。

しかしよく考えたら、その一部の人の効率を上げるために、残りのその他大勢の効率を下げているわけです。そのことを研修のときにお伝えし、ボリュームを抑えめにしてＢＧＭをかけてもらうようにしました。

すると多くの社員たちから、

「リラックスして仕事に取り組めるので、疲れにくくなった」
「仕事がはかどるようになった」
「マルチタスクができるようになった」

といった感想をもらいました。

前にも述べたように、**脳は本来、並列処理が得意なので、音楽を聴きながら、コーヒーを飲みながらのほうが、脳全体がバランスよく働いて仕事がはかどります。**

リビングでの学習が効果的だと言われるのも同じ理由で、東大や京大に合格している人たちの多くは、子どもの頃からリビングで勉強しているというデータもあります。

リビングでは家族がしゃべっていたり、テレビの音や食事をつくる音が聞こえたりしますが、そういった音が適度に聞こえる環境のほうが、脳がバランスよく使えるため効率がいいのです。

「静かな環境じゃないと集中できない」「仕事や勉強がはかどらない」というのは、誰かから刷り込まれた間違った常識や思い込みだと知りましょう。

科学的にも証明！「速読脳トレ」で脳の広範囲が活性化する

ひと頃、脳の研究において「右脳」「左脳」が持つ機能について、さまざまな学術データが発表されたことがありました。

いまだ、人間の脳の機能のすべては解明されていません。「人間はすべての脳力の数%しか使っていない」と言われても、自分で出し惜しみしているわけではなく、ましてや「今は右脳だけ使おう」などとコントロールしているわけでもありません。

私はかねてから「なぜ右脳だけ鍛えたいと考えるのだろう。脳全体のパフォーマンスを上げればいいのでは？」と思っていました。

私がKUREメソッドである「速読脳トレ」で目指しているのは、**「右脳」とか「左脳」とかの部分的な話ではなく、脳全体をバランスよく使うこと**です。

そこで、「速読脳トレ」を行うことで、脳全体が活性化されるということを証明する、科学的なデータをお見せしたいと思います。

検証してくださったのは、奈良学園大学のリハビリテーション学科長で脳の研究を長年されている、辻下守弘《つじしたもりひろ》先生です。

辻下先生とは、２０１０年、「速読脳トレ」をテレビで紹介してもらったときに、私の脳の血流を光トポグラフィーで測定していただいてからのご縁です。

その際には、私が「速読脳トレ」をやる前後で、脳の血流がどのように変化するのか測定していただきました。

結論を先に伝えてしまうと、**「速読脳トレ」をしたあとの脳の血流は、脳全体が活性化されて真っ赤になっていました**。

この結果に辻下先生は大変興味を持たれて、以後、定期的に「速読脳トレ」と脳の血流や脳波との関係を測定して研究していただいています。

ここで辻下先生の「速読脳トレ」に関しての見解をご紹介しましょう。

「ここで紹介するのは、『速読脳トレ』を継続的に行っている人の脳波データです。文字の読み書きや読書中は左脳の働きが優位になります。しかし下の図を見ていただいてもわかるように、トレーニングをしているときの脳波を見ると、脳の広範囲を使っているのが読み取れます。広い視野で情報をとらえて、文章全体の内容をスピーディーに大量に取り込みながら読み進め、脳が並列処理を行っているのです。

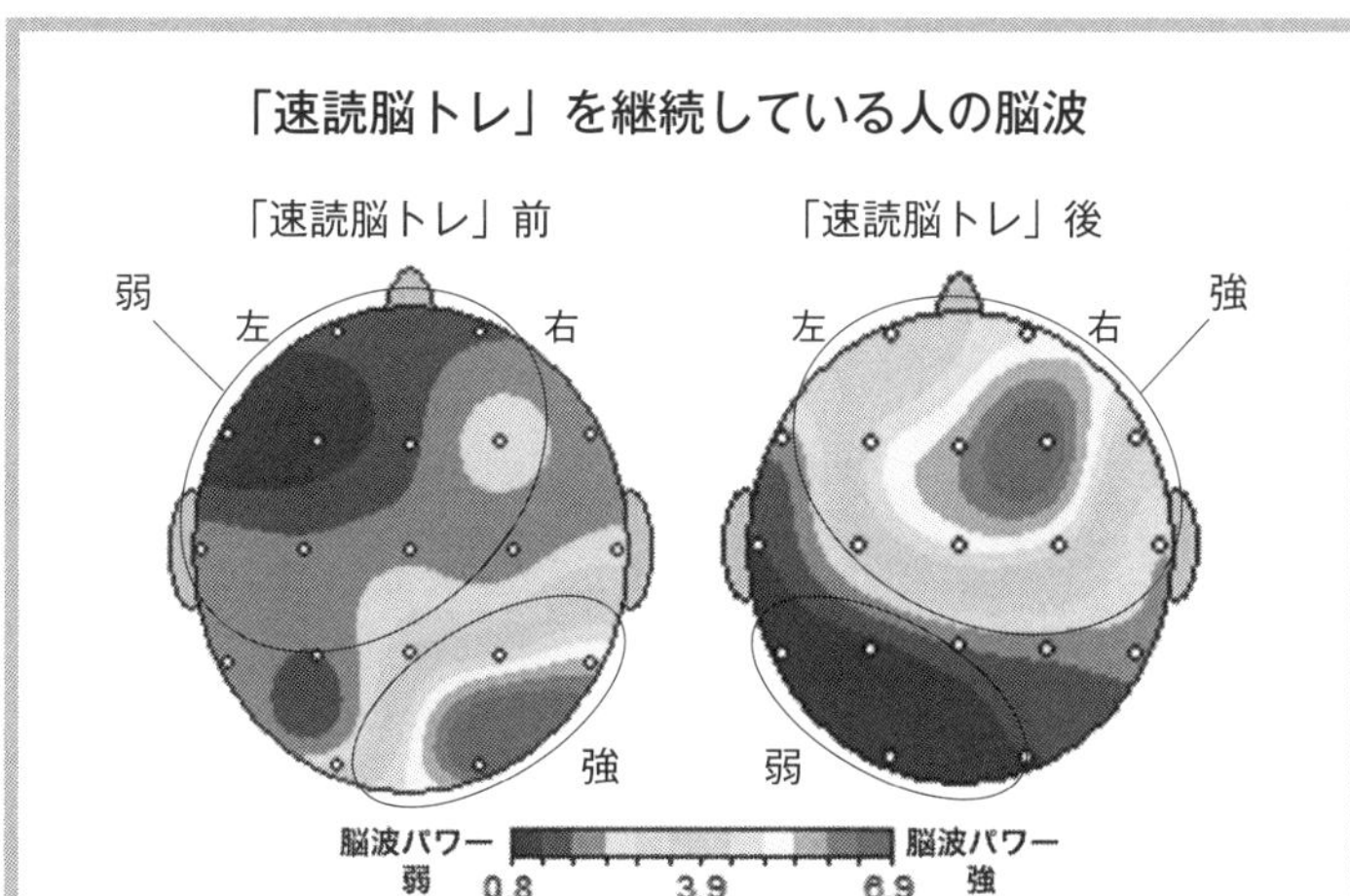

この現象から、**『速読脳トレ』を行うことで、脳の一部ではなく、脳全体が活性化することがわかりました。**

脳は広範囲で活性化されるほど、情報を速く処理できるようになります。つまり『速読脳トレ』が、脳を効率的に使える状態にしてくれる証拠でもあります」

このように「速読脳トレ」をすることにより、脳全体が活性化していきます。

さらに、辻下先生はこうも述べていらっしゃいます。

「よくスポーツ選手が、ゾーンに入るという表現をします。ゾーンとは、ボールや相手が止まって見えるなど、時間が止まったかのような感覚になり、一瞬で適切な判断ができる状態を言います。

脳波には、α《アルファ》波とβ《ベータ》波のちょうど間くらいに、SMR波という、感覚や運動リズムを司る12～15ヘルツくらいの周波数があります。

ひと頃は、リラグゼーションを司るα波を出すトレーニングが主流でしたが、ゾーンに入るにはリラックスしすぎてもよくなく、β波のときのように緊張しすぎてもよくありません。その中間くらいのSMR波の状態がもっともよいのですが、そのゾーンに入る状態をつくるのが、なかなか難しいのです。

しかし、データを取ってみたところ、『速読脳トレ』を行うと、**ゾーン中と同じSMR波が出る**ことがわかりました。これは本当に画期的なことです」

私がお手伝いしたスポーツ選手のなかには、「速読脳トレ」を普段のトレーニングに組み込むことで、辻下先生がおっしゃるSMR波の状態に入れるようになり、結果を出してきた方が多くいます。

「脳速読トレ」時の SMR 波発生源分布

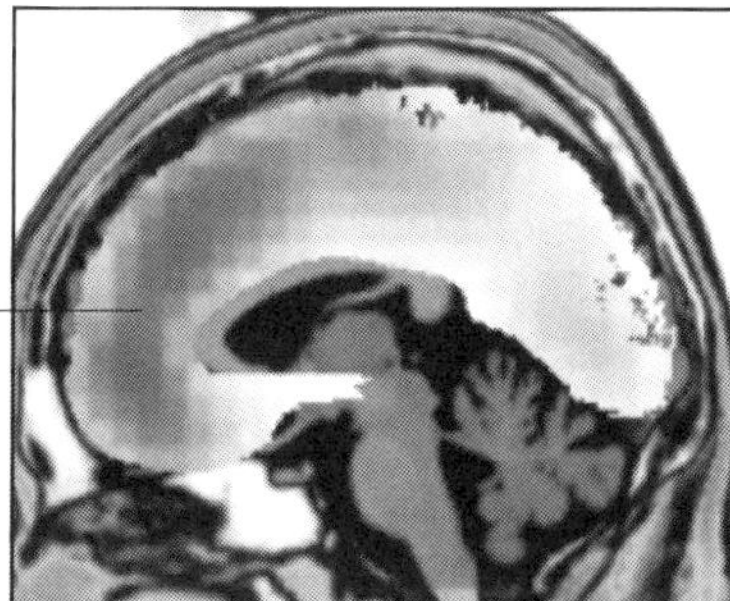
前頭部
後頭部
アミがかかっているこの部分がSMR波が発生している部分

これはスポーツ選手だけでなく、ビジネスパーソンでも同じです。また、島津製作所さんも社員研修がきっかけで、定期的に「研究用ポータブル光脳機能イメージング装置 LIGHTNIRS」にて、「速読脳トレ」時の脳活動のデータを調べていただいています。その結果、年代に関係なく「速読脳トレ」を行うと、脳活動が大きい傾向がみられた、との結果が出ています。

目的は「本を速く読む」ことではなく「脳のパフォーマンスアップ」

ここまでお伝えしてきて、**「速読脳トレ」が単に本を速く読むことがゴールではないと、**

理解していただけたと思います。

脳全体を活性化するには、大量の情報をスピーディーに脳に送る必要があり、そのための脳の準備運動が「速読脳トレ」なのです。

スポーツでも楽器の演奏でもダンスでも勉強でも、上達するにはトレーニングが必要です。しかしその前段階には、日々の準備運動が欠かせません。脳全体を活性化するための準備運動として「速読脳トレ」を行うのです。

最初のうちは、「どのように本を読めばいいの？」「ちゃんと読めていないけれど、大丈夫？」「速く読めてる？」「頭の回転、速くなってる？」と、気になるかもしれませんが、続けていくうちに感覚がわかってくるので大丈夫。

例えば、自転車に乗れないときは、どのようにバランスを取ればいいのかわからず、ハンドルを握ってもフラフラあちこち行って、まっすぐ走れませんよね。でも何度も練習するうちに、体が自然にバランスをとって、自転車に乗れるようになります。

「速読脳トレ」も同じです。理屈ではなく実践することで、その感覚が身につくのです。

「速読脳トレ」でたくさんの情報をスピーディーに取り込む感覚を、ぜひ体得してください。

詳しいやり方や、準備に関してはPERFORMANCE ４で紹介します。

本章のポイント

脳は生まれつき優秀！　科学でも証明された「速読脳トレ」で誰でも脳力がアップする

PERFORMANCE

3

毎日がうまくいく！「速読脳トレ」のメリット

ビジネスから日常生活まで、いいことがたくさんある！

これまで述べてきたように、ＫＵＲＥメソッドは、単に本が速く読めるようになるトレーニングではありません。「速読脳トレ」を活用して、脳力をアップすることで、さまざまなことがハイスピードで処理できるようになります。

そして、継続していくと、脳力アップした状態を維持したまま、日々の生活を送ることができるようになれるのです。

PERFORMANCE 2でもお伝えしたように、もともと脳には素晴らしい処理能力がありますす。「速読脳トレ」は、物事をハイスピードに処理できるトレーニングと説明しましたが、**脳に備わっているポテンシャルを引き出すためのトレーニング**と言ってもいいでしょう。

常に脳力アップしている状態になると、脳が疲れてしまわないかと心配する人もいるかもしれません。

確かに、自分の限界を超えて脳をフル回転させると、疲れてしまいます。それは、自動車で言えば、アクセル全開で走ってしまっている状態です。アクセル全開で走り続ければ、エンジンにも負担がかかり、あっという間にヒートアップしてしまいます。

そんな状態では、当然仕事もうまくいかず、余裕がなくなることでピリピリした精神状態になってしまいます。結果、周囲ともコミュニケーションを取りづらくなってしまうでしょう。こうなると、チームワークも乱れて、組織全体によくない影響を及ぼす可能性もあります。

その点、「速読脳トレ」では、**頭の回転を速くすることで、その人にとって最高のパフォーマンスを発揮できるようになります**。快適な速さで頭が回転していれば、時間の感覚がゆったりとして、安定した穏やかな状態になり、心に余裕が生まれます。

トレーニングを続けていけば、日常生活から、ビジネスシーンまで、多くの場面で自身の変化を感じると思います。人生の見え方も変わり、より豊かなものになってくるでしょう。

本章では、生活のなかでどんなときに効果を感じられるかを、具体的に解説していきます。

仕事の効率がよくなる

「速読脳トレ」を実践すれば、資料や書類など、たくさんの量を短時間でチェックできるようになります。

速く読める分、内容を理解する時間にも余裕ができて、仕事を進める速さにもつながっていきます。

以前、私がある論文を読ませてもらったときのこと。手渡された論文を一通り読んだあと、相手に返したら、「もっとしっかり読んでください」と言われました。私としては普通に読んだつもりだったのですが、相手には流し読みしたように見えてしまったようです。

そこで、相手に論文に書いてある内容について質問してもらい、私が的確に返答したことで、しっかりと内容が把握できていることを理解してもらえました。

このように、**「速読脳トレ」を続けることで、周りが驚くほど短時間で多くの文章を理解することができるようになります**。でも本人はいたって普通に資料を読んでいるだけで、無理して頑張っているわけではありません。

また先ほども述べたように、頭の回転が速くなっていると、時間がゆったりした感覚になるため、内容をしっかりと理解したうえで判断する余裕ができ、次のアクションをすばやく実行できるようになります。

仕事をスピーディーに進めるうえではいいことずくめのようですが、実は仕事が速くできてしまうがゆえに、注意しなければならないこともあります。

私のセミナーを受講し、実際に仕事を速く進められるようになったことで、より忙しくなってしまったという人がいます。

その人は保険会社で営業がトップの成績でしたが、もともとは仕事を速く進めることで自分の生活に余裕を持って、ライフワークバランスを整えたかったそうです。

しかし、これまで以上に仕事を速く進められるようになってしまったので、さらに仕事を受け入れたり、自分でも「もう仕事が終わってしまったから、ついでにこれもやってしまおう」と、仕事を詰め込んでしまったりして、まったく余裕がなくなってしまったそうです。

こうなってしまった場合、「早く終わるから、次の仕事をやろう」ではなく、「早く終わるのはわかっているから、いったんブレイクタイムをつくろう」と考えてほしいのです。

自分の仕事のスピード感がわかっていれば、仕事量も自在にコントロールできるはずです。仕事をすばやく進める状態を長続きさせるには、自分に余裕がある状態がベストです。

「速読脳トレ」では、単に脳力アップだけではなく、こういった考え方の部分もセットになっています。このあとの項目でも触れていきますので、ぜひ心にとめておいてください。

ミスを未然に防げる

日常での些細《ささい》な失敗から、大きなミスまで、人生ではさまざまな失敗が起こりうるものです。誰でもそんな経験はあるかと思いますが、人によっては個人のパフォーマンスに少なからず影響を及ぼしていると思います。

では、ミスはどんなときに起こるでしょうか。

例えば、何か1つのことに没頭するあまり、周りが見えなくなってしまった結果、気づかないでミスをしてしまうことがあります。

また、短時間に多くの問題が起きてしまい、時間に追われるあまり慌てて仕事をした結果、ミスが発生することもあるでしょう。もう失敗しないようにと慎重になれればいいですが、状況によっては整理している時間がない場合もあるかもしれません。

さらに、「失敗した！」というネガティブな考えに気を取られて周りが見えなくなり、失敗が重なって、どんどん悪い方向に転がってしまったということもあるでしょう。

そんなときでも**「速読脳トレ」を行えば、頭の回転が速くなり、脳が最高のパフォーマンスを発揮できるので、1つひとつの仕事にしっかりと意識を向けられるようになります。**それにより、ミスを未然に防ぐこともできるでしょう。

また、「速読脳トレ」では、視野を広げるトレーニングをします。「あの人は視野が広い」という表現がありますが、視野には2つの意味があります。

1つは、視野が広がることで、入ってくる情報の量が変わり、周りのことがよく見えるようになることです。

視界の隅々まで注意が行き届くようになるため、周りに何があるか、誰がどんなことをしているかを把握できるようになります。

仕事においては、いろいろな職業に共通するところとして、書類や資料の誤字脱字など、文章に関するミスにすぐに気づくようになります。

営業職であれば、連絡のミスはないにしても、何かしらの伝達ミスや不備にも事前に気づいてフォローできるようになるでしょう。

商品を売るようなサービス業では、売り場全体を見てすぐに少なくなってる商品に気づくことで、品薄な印象を与えないよう、早めにをフォローすることができます。

2つめは、さまざまな情報や考え方を広く取り入れることで、トラブルや課題に対して適切な判断と行動ができるようになることです。

脳力がアップするとミスが少なくなるのは、この2つの意味の**「視野の広がり」**のおかげなのです。

ミスが起きてもリカバリーが速い

「速読脳トレ」により、判断力もアップします。そのため、ミスが起きても、どういった行動を行えば最善でリカバリーできるか、瞬時に判断できるようになります。

周りの状況がしっかり見えているので、**自分だけではなく、仕事仲間や部下のミスのサポートも可能になります。**

仕事において大事なのは、「トライ&エラー」です。新たなチャレンジにミスはつきものですが、脳力をバージョンアップしておけば、改善点にすぐ気づくことができます。

さらには、心に余裕がある状態なので、ミスについても寛容になれます。ミスが起きてもうまく解決できるという自信が生まれるからです。

ミスが起きたときにどんな情報が足りなかったのか、どういった指示をすればミスを減らせるかということも、冷静に判断できます。

私自身、事務所の社員に仕事の指示をしたとき、何かしらミスがあったとしても、まず自分の指示や仕事の内容についての情報をきちんと伝えていたかを真っ先に考えます。こういった考え方になれたのも、心に余裕ができたからです。

たとえミスがあってもすぐにリカバリーできる自信があれば、仕事の効率はどんどん上がっていくでしょう。

段取りがよくなる

「速読脳トレ」によって脳力がアップすると、段取りもよくなります。

まず、視野が広くなるので、さまざまな考え方を取り入れ、状況を俯瞰して見ることができます。次に、1つひとつの内容を、余裕を持って考えることができ、やらないといけない事柄をしっかりと確認できます。

とくにどれが緊急性が高いのか、どの順番で進めていけば一番効率がいいのか、といったことも判断できるようになるでしょう。

人はやることが多く、かつ時間がない状況になるほど、優柔不断な行動が増えてしまいます。

「あれもやらなきゃ、こっちもやらなきゃいけない」と焦れば焦るほど、どれも中途半端に手をつけてしまい、収拾がつかなくなります。余計な作業が増えた結果、いつも以上に時間を費やすことにもなってしまいます。

しかし、**「速読脳トレ」を続けていくと、こういった状況でもすぐに優先順位をつけて、仕事に取り掛かれるようになります。**

段取りが悪くなってしまう他の要因としては、無意識の行動があります。

例えば、家から出てカギを締めたはずなのに、急に不安になって確認をするために戻ったら、やっぱりカギは閉まっていたということはありませんか?

しかし、脳力がアップしていると、こういったときにも自分の行動を俯瞰的に見ることができるため、何かイレギュラーなことが起きた場合、自分の行動をすぐに思い出すことができるようになります。

忙しいときにはさまざまな仕事が積み重なっていきますが、状況整理と把握が速くなり、さらに自信を持って行動できるようになります。決断までのスピードも速くなり、結果的に段取りがよくなっていきます。

マルチタスクが得意になる

「マルチタスクは苦手」という人は多いようですが、実は人間の脳は基本的にマルチタスクに長《た》けているのをご存じでしょうか？

私の事務所で働いていた事務の女性スタッフを例に挙げると、彼女は家で料理をしているとき、子どもに話しかけられるといったん完全に手を止めなければ、話を聞けないと言っていました。

相手と向き合って話を聞いてあげることは大切ですが、日常において「ながら聞き」でもよい場面でも対応できなかったのです。

また、あるスタッフは電話中に簡単な伝言をメモ書きで渡そうとすると、電話しながらだと判断できない、と言っていました。

しかし、それぞれが「速読脳トレ」を続けた結果、2人とも「ながら聞き」などのマルチタスクができるようになったのです。

「子どもに集中力がない」「すぐに気が散ってしまう」という親御さんの悩みをよく聞きますが、その背景には**「1つのことに集中するべき」という刷り込み**があります。

ビジネスにおいても似た事例があります。あるビジネスパーソンは、以前は簡単な日常会話や打ち合わせをしながら仕事をしていたそうですが、上司から「必要最低限の会話以外しないように」と注意され、その結果、仕事の効率が落ちてしまったそうです。

もちろん、周りが迷惑に思えるほど大声で話したり、単なるおしゃべりをしているだけなのは問題ですが、脳にとっては黙々と仕事に没頭する状態が、必ずしもプラスにはならないのです。

脳の特徴を考えると、**マルチタスクをこなしているほうが、より高いパフォーマンス**

を発揮できるのです。そして「速読脳トレ」を継続することで、脳が勝手にバージョンアップし、自然とマルチタスクができる状態になっていきます。

「自分はシングルタスクしかできない」という人も、「速読脳トレ」を続けていくうちに、思い込みのブレーキが外れていくはずです。

プレッシャーに強くなる

大勢の人の前でスピーチを行うときや、初めての営業先を訪れるとき、大事なプレゼンの発表をするときなど、ビジネスシーンにおいてプレッシャーがかかる場面は多いかと思います。

緊張したときに、「人」という字を手に書いて飲むというおまじないがあったりしますが、これはいわゆる自己暗示をかけて、心を平静に保つ行動です。

また、自己暗示をかけてパフォーマンスを上げる方法もあり、有名なところでは、ラグビーの五郎丸《ごろうまる》歩《あゆむ》選手のルーティンや、元メジャーリーガーのイチローさんが毎朝、カレーを食べていたという逸話もあります。

もしかしたら、みなさんも自分なりに緊張を和らげるルーティンを持っているかもしれませんね。

実は、**「速読脳トレ」にも、緊張を緩和する効果があります**。私がお手伝いをしてきた生徒さんからも、トレーニングを行うことで、例えばスポーツの大会の本番でしっかりと自分のパフォーマンスを発揮できた、大事な試験を落ち着いて受けることができた、という報告をたくさんいただいています。

「速読脳トレ」の効果は、頭の回転が速くなることで、脳が気持ちよくパフォーマンスを発揮できる状態をつくり出すことです。

パフォーマンスが上がっているわけですから、たとえプレッシャーがかかっている場面でも、緊張せずに落ち着いて仕事と向き合うことができるので、いい結果もついてきます。

そうなれば、自分に自信が持てるようになるうえ、周囲の評価も上がり、さらに仕事がうまくいくという好循環が生まれます。

人は経験値が上がると、より高いステージにチャレンジしたくなります。いい意味でプレッシャーをエネルギーに変えることができるようになります。

企業の社長やプロのスポーツ選手のなかには、「プレッシャーがあると逆にワクワクする」とおっしゃる方がいます。それは壁が高いほど、乗り越えたときの達成感も大きいことを知っているからです。

脳がバージョンアップすると、プレッシャーに対する認識が変わるのです。あなたも、そんなワクワクを感じてみませんか。

疲れにくくなる

疲れの原因は、睡眠不足やストレス、過労や不規則な生活など、いろいろな要素が考えられますが、トレーニングを続けていけば、疲れない最強の状態をつくれます。

例えば、あるスポーツ選手にレクチャーした際、疲れをしっかり取りたいから決まった時間に寝るという話を聞きました。そのマイルールが守れていないと疲れることが多いため、睡眠は重要だというのです。

そこで私は、そのスポーツ選手に「速読脳トレ」を日常生活のなかで取り入れてもらい、寝たいときに寝るように実践してもらいました。すると、決まった時間に寝ていたときよりもパフォーマンスが上がった、と驚いていました。

不規則な生活に関して言えば、私は出張が多いこともあり、寝る時間もまちまちで、睡眠時間は2時間程度です。食事も基本、食べたいタイミングで摂っているので、1日1食という日も多いです。それでもお腹がすいて力が出ないとか、疲労感が残ることもなく1日を過ごせています。

もう1つの疲れる原因は、**「オンとオフをつくってしまうこと」**です。よく、仕事とプライベートで「オンとオフを使い分ける」という話がありますが、「オフ」にしてしまうことで逆に疲れてしまうのです。

「オフ」にしたということは、フラットな状態よりもエネルギーがマイナスになります。ということは、「オフ」から「オン」に戻す際にかなりのエネルギーを注ぐことになるため、結果、疲れてしまうのです。

一番いいのは、「オン」とか「オフ」ではなく**「フラット」な状態に戻す**ことです。

そういう捉え方をすると、仕事が「オン」でプライベートが「オフ」ではなく、プライベートも「オン」にして楽しむという発想になります。

仕事でもプライベートでも思いきり「オン」状態になったら、「オフ」ではなく「フラット」な状態に戻してあげる。「速読脳トレ」を続けると、オンとオフの切り替えではなく、「フラットな状態に戻す」ことが容易になるので、ムダなエネルギーを使うことがありません。

結果として、疲れを感じることなく行動できるのです。

睡眠の質が上がる

睡眠に関しては、前項でも触れましたが、「1日7時間寝なければいけない」とか「12時までにはベッドに入らないと熟睡できない」というのは、ただの思い込みです。寝る前のナイトルーティンを決めてしまうことも、それができなかった日には逆にストレスになってしまい、睡眠の質を下げることになるかもしれません。

みなさん、思い出してほしいのですが、子どもの頃の遠足の前日など、興奮して眠れなかったということはありませんでしたか？　そんなとき、当日になって朝から疲れて眠かったということは、きっとなかったと思います。

仕事と遠足は違うかもしれませんが、お伝えしたいのは、**「寝たいときに眠れなかった」としても、人間のパフォーマンスが極端に落ちることはない**ということです。

そのときは「仕事のために寝ないという選択肢を選んでいるだけ」だということです。

もちろん、眠れなかったせいで、仕事中に眠くなったりすることもあるかもしれません。そんな日は、昼休みに15分ほど仮眠することで、頭はだいぶスッキリするはずです。もし、みなさんが睡眠不足だと思ったときには、ぜひ「速読脳トレ」をやってみてください。脳全体の血流がよくなるので、眠気はだいぶ取れるでしょう。

メンタルが安定する

みなさんは、日々、心身ともに健康で過ごせていますか？　仕事の悩みやプライベートにおける問題などがあって、ストレスを感じている方もいるかもしれません。

例えば、「ポジティブに考えましょう」という言い方がありますが、その時点で「ネガティブ」という概念をつくってしまっています。

本来、脳には「ネガティブ」も「ポジティブ」もありません。また脳は「肯定」や「否定」というジャッジをしません。

例えば「赤いスポーツカーを思い浮かべてください」と言われたら、頭のなかでは「赤いスポーツカー」がイメージできたと思います。今度は「赤いスポーツカーを思い浮かべないでください」、そう言われても、頭のなかには「赤いスポーツカー」が思い浮かんできたはずです。

また、過去の失敗を思い出して「あのとき、もっとこうしていれば」と後悔すると、脳はとても優秀なので、過去に自分自身が体験した「後悔したこと」を次々と思い出すように働きます。

脳には「ポジティブ」や「肯定」、「ネガティブ」や「否定」というジャッジではなく、自分が考えたことがそのまま反映されたに過ぎないのです。

そこで私は、**視点を変える**ことが重要だと考えています。

例えば、転んでしまってズボンが破けたとしましょう。「しまった！」「もっと注意していればよかった」と思ってしまうかもしれませんが、「そろそろ新しいズボンを買おうと思っていたし、ちょうどいい」と視点を変えてみます。

するとどうでしょう。心が軽くなりませんか？

ビジネスシーンでも、例えば上司から叱られた場合の捉え方も変わってきます。

仕事でミスをしてしまって上司から叱られたとき、「怒られた。嫌だな」と思うよりも、「次は失敗しないように注意してくれてるんだな」と思ったほうが気持ちいいわけです。


私がこのように視点を変えられるようになったのも、「速読脳トレ」のおかげです。

こう言うとよく驚かれるのですが、私も昔は「うまくいかなかったらどうしよう」と、マイナスなことばかり考えて動けなかった人間でした。

しかし、「速読脳トレ」によって脳の情報処理速度がアップすると、**いろいろ心配してばかりいるよりも、動いたほうが速い**と思うようになり、ダラダラと悩むことはなくなりました。


行動の変化によって余裕が持てるようになると、どんどん自信もついて、さらに脳が気持ちいい状態になっていきます。

トレーニングを続けた人は、脳力がアップすることで、そういった変化を実感しています。

あるとき、私のセミナーに、精神科に通って投薬治療をしても職場復帰ができない人が来ました。

このときのセミナーの内容は、メンタルケアに特化したものではなく、一般の人に向けたものでした。その人のために特別なメニューをすることもなく、いつも通りのセミナーを全員に向けて行いました。

それにもかかわらず、その方はセミナーを通して自身の変化に気づき、トレーニングを続けていくことで、メンタルが安定していったのです。

その後、自分の家族にも体験させたいと連れてきてくれて、ご家族全員がセミナーを通して変化していきました。

この方だけが特別なのではありません。人には誰しも本来、そういったポテンシャルがあるということです。脳力がアップすると、このようなメンタルの変化も促してくれるのです。

チャンスがやってくる

人生を変えるチャンスはいろいろあるものですが、前項でも述べたように、**入ってくる情報が変化することで、人生の大事な場面でも、自分にとってベストな取捨選択ができるようになります**。その結果、**よりチャンスが巡ってくる**ようになります。

「速読脳トレ」は、組織においても変化を促します。

ある会社で社員全体に向けたセミナーを行ったときのことです。セミナーの前後で明らかに雰囲気が変わった方がいました。

セミナー後に、全員で食事に行くことになったのですが、その社員さんは残念ながら来ていませんでした。ほかの社員に「彼は参加しないんですか」と聞くと、「彼にはこれまで何度も声をかけたけれど、いつも絶対に来ないので誘っていません」とのこと。「いいから誘ってみてください」と私が促し、同僚が連絡すると、二つ返事で「行きます！」と返答がきました。

あまりのことにその場にいた全員が驚きましたが、これをきっかけに社員同士の親睦がさらに深まり、会社全体の結束力が高まりました。

その後、この会社は業績も右肩上がりになっていきました。この社員さんの大きな変化だけでなく、社員全員が自信を持って行動できるようになり、チャレンジ精神も旺盛になって、どんどん仕事の結果がついてくるようになったのです。

また、「速読脳トレ」を始めてから、それまでとは違う発想ができるようになったと言う人もいます。不思議と自分が必要とする情報が飛び込んでくると言っていた人もいました。

このように脳力のアップが組織全体に波及すると、チャンスがどんどん広がっていきます。

私自身も、これまでも偶然の出会いやチャンスに巡り会ってきました。

当時プロ野球のピッチャーだった選手と、あるイベントでお会いしたのですが、そのときはあいさつ程度の会話しか交わしていなかったものの、その半年後、偶然再会したのです。

そのとき私は広島におり、原爆ドームを見に行く途中でした。歩いていると、そのピッチャーの方が私に気づき、向こうから「呉さん！」と声をかけてくださったのです。

その再会をきっかけに、その方の個別セッションを担当することになりました。

「速読脳トレ」をスタートした年から、みるみる調子がよくなっていき、チーム最多勝や月間ＭＶＰ、３年ぶりにオールスター戦に出場するなど大活躍をされました。

このような偶然の出会いや再会から、「速読脳トレ」のセッションを担当させていただくことも多く、選手たちや企業の社員のみなさんの成績アップや目標達成のお手伝いをさせていただけているのは、とても幸せなことだと感じています。

ちなみに、**見た目の変化**も出てきます。

例えば、セミナーを受講した人のなかには、背が伸びた人がいます。これはリアルに身長が伸びたわけではなく、姿勢が改善されたためです。その人は、もともとは猫背気味で目線も下を向いていることが多かったのですが、考え方が変化し、自信が持てるようになったことで、自然と背筋が伸びて周りからも雰囲気がよくなったと、評価が上がったそうです。

実際に身長が伸びたわけではないと思いますが、猫背から背筋が伸びたことで背が伸びたように感じたのでしょう。

このように脳力アップによって生まれるさまざまな変化は、チャンスが巡ってくる好循環を生み出してくれるのです。

本章のポイント

「速読脳トレ」の効果は、仕事のタイパをよくして、チャンスと健康に恵まれる、いいことづくめ！

PERFORMANCE

4

「速読脳トレ」の基本をマスターしよう

本を使ってトレーニングをする理由

「速読脳トレ」は、眼から大量の情報を送ることで、脳がバージョンアップして自然と〝速く読めている状態〟になることで**〝頭の回転の見える化〟**をしています。

頭の回転という言葉を使いますが、誰も自分の頭の回転を見たことがありませんよね。そこで、自分がどのくらい文章を読むことができたのかを測ることで、今の自分の頭の回転の速さに置き換えて、目安にするのです。

トレーニングをすることによって、以前より速く読めるようになった状態＝脳がバージョンアップした証拠、頭の回転が速くなったということなので、私が提唱しているのは単なる技術やテクニックの「速読」ではなく、「速読脳トレ」なのです。

私のセミナーには「本が速く読めるようになりたい」ということを目指して参加される人もいますが、私自身は「1冊の本を何分で読めるようになる」とか「読んだ本の内容をすべて覚えている」ことをゴールとしていません。あくまでも**脳をバージョンアップさせて、「情報処理能力を上げる」「自分のほしい結果を手に入れて、人生を豊かにするため」のトレーニング**、それがKUREメソッドの「速読脳トレ」の本質なのです。

頭のネジをしっかり巻く！5分でできる基本パターン

では、実際に「速読脳トレ」の方法について解説していきます。5分ほどでできる非常に簡単なトレーニングなので、難しく考えずに気楽な気持ちでやってみてください。

「速読脳トレ」をやる前に知っておいてほしいこと

トレーニングと聞くと、どうしても「頑張らなきゃ」と思ってしまうかもしれません。しかし、基本は**とにかく頑張らずに、楽しくやること**です。頑張ろうと力みすぎると、脳の回転も処理速度も鈍ってしまいます。

そうなると、トレーニングをしても効果は半減です。真面目に考えすぎず、肩の力を抜いてやるように心がけてください。

「本が速く読めている状態」とは

よく誤解されるのですが、「速読脳トレ」の効果は読書速度がアップすることではなく、**自然と速く読めている状態をつくり出す**ことです。

効果を出そうと意識してしまっている時点で、無理をしている状態です。そうではなく、自分では普通に読んでいるつもりでも、客観的に速くなっている状態を目指しています。

しっかり成果を出そうと意識して焦ってしまうと、脳のパフォーマンスアップを妨げてしまいます。ちょっと仕事が一段落したところで、頭の体操をするようなイメージで、難しく考えずに気楽にやってみましょう。

焦らなくてもトレーニングを続けていれば、自然と読めるスピードは速くなっていきます。

非常に簡単なので、「これで本当にいいの？」と疑問を持たれるかもしれません。

しかし、自分では気づかなくても、脳はしっかりとバージョンアップし、意識せずともハイスピードで働いています。

このトレーニングは、自分が意識しなくても、その状態を維持するためのものです。トレーニングを続けることで、生活のなかにさまざまな変化が起こるようになるので、それも楽しみながら行ってください。

「速読脳トレ」に必要なもの

次に、トレーニングに使用するものについて紹介していきます。

用意するものは、本（ライトノベルなど）、ストップウォッチ、読書速度記録表の3つだけです。それぞれ、どういった目的で使うのかも解説しますので、1つひとつ確認しながら準備してください。

●ライトノベルなどの読みやすい本

読書速度を計測することと、実際のトレーニングで使用するために、ライトノベルのような簡単に読める本を用意します。専門書や難しい表現が使われているような本だったり、内容を理解するために何度も繰り返し読まなければいけないものは、おすすめしません。

トレーニングにおいては、速く読めるようになっても、すぐに内容を理解するところまで行くことは難しいと思います。その前準備として、まずは文章を追うスピードを上げていきます。

●ストップウォッチまたはスマホの時計アプリ

読書速度を計測するときなどに使用します。一緒にトレーニングをしている方がいれば、協力して時計などを見てもらってもかまいませんが、1人でも手軽にトレーニングするためには、ストップウォッチを利用するとよいでしょう。

なお、1人で計測を行う場合は、6秒たったところで知らせてくれる機能があると便利です。

これは、トレーニングのなかで、6秒間でどれだけ文章を見れるかを計測するためです。

文章を見ながら、6秒を確認してストップウォッチを押すというのは、難しいと思いますので、より正確な計測を行いたいときには検討してみてもいいでしょう。

ストップウォッチをお持ちでない場合は、キッチンタイマーを利用するか、またはスマートフォンの時計アプリを使ってもいいでしょう。

●読書速度記録表

トレーニング前とトレーニング後の読書速度の記録をつけていきます。106ページにテンプレートを掲載していますが、自作してもらってもかまいません。

内容としては、先程挙げた読書速度と、このあと紹介する眼のトレーニングの回数を記録する欄も必要です。

また、日付を入力する欄もつくっておきましょう。トレーニングを続けていくと次第に読書速度も上がっていくので、日々の記録として残していけば、自分の変化に気づくことができるかと思います。

最初のうちは、わずかな差なのであまり実感できませんが、1週間、1カ月と続けてみて、最初の記録と比べてみると、かなり違っていることに気付くでしょう。

自身の成長を数値で見て確認できることは重要です。例えば、ダイエットではレコーディングダイエットという、食事内容や体重を記録して確認することで、生活習慣を見直す方法があります。

自分の読書速度の記録を振り返り、変化を実感できれば「速読脳トレ」を続けるモチベーションにもつながっていくでしょう。

記録表は、そんなに凝ったものではなくてかまいません。記入する内容もそんなに多くはないので、見やすさを重視したシンプルなもので十分です。

読書速度記録表

トレーニング　　回目	年　月　日	
眼のトレーニング		
眼筋トレーニング	左右	□
	上下	□
毛様体筋トレーニング	右手が手前	□
	左手が手前	□
読書速度の変化		
トレーニング前		文字／分
トレーニング後		文字／分

トレーニング　　回目	年　月　日	
眼のトレーニング		
眼筋トレーニング	左右	□
	上下	□
毛様体筋トレーニング	右手が手前	□
	左手が手前	□
読書速度の変化		
トレーニング前		文字／分
トレーニング後		文字／分

「速読脳トレ」の流れ

LESSON 1~5

まずは、「速読脳トレ」の流れについて簡単に説明します。全部で5つの段階がありますが、どれも慣れれば数十秒程度で終わります。トータルでも5分以内には終わるものになっているので、ちょっとした隙間時間に行えるでしょう。まずは全体の流れを説明してから、さらに詳しい解説をしていきます。

1 現在の読書速度を計測

「速読脳トレ」を始める前に、現在の読書速度を計測します。今の自分が、どれくらい文章を読めるのかを確認し、また最後にどれくらいの変化があったのかを比較して、トレーニングの効果を確認してもらうためにも、重要な計測です。

2 眼のトレーニング

続いては眼のトレーニングです。「速読脳トレ」は、文章を速く見ることで脳力をアップさせていきます。

そのときに重要になるのは、文章を見るための眼のコンディションです。眼のトレーニングを行って準備をすることで、より「速読脳トレ」の効果がアップしていきます。

3 速く見るトレーニング

読めない速さで文章を「速く見る」トレーニングです。「読む」とは、文章から内容を読み取っていくことですが、「見る」は本当に見るだけです。詳しくは、トレーニングのなかで説明していきます。

4 視野を広げるトレーニング

視野を広げることによって、眼から脳に送られる情報量が増え、脳がより活性化されます。

5 読書速度の再計測

ひと通りのトレーニングを行ったあとに、読書速度を再計測します。1回目と比べてみて、どれほどの変化があったかを確認してください。

「頭の回転が速い状態」をつくり出す

ここからは、実際の「速読脳トレ」の内容を順番に紹介していきます。冒頭にもお話ししたように、1回のトレーニングに必要な時間は5分程度です。簡単にできるので、ぜひ実践してみてください

LESSON 1 現在の読書速度を計測

まずは、読書速度の計測を行います。特に初回の読書速度計測については、「速読脳トレ」の効果を知る最初の基準となります。この数値がトレーニングを続けることで、

どのように変化していくのか、後々に効果を実感するうえで重要なものなので、しっかり記録しましょう。

また、できれば手元に準備した本の1ページ当たりの行数と、1行が何文字になっているかをカウントしておいてください。このあとに解説する読書速度の計測がよりスムーズになります。

読書速度は1分間でどれだけ読めたかで計測します。ただ、1分間の計測というのは意外と長いうえ、文字数をカウントするのも大変です。そのため、ここでは6秒間の読書速度を測り、その文字数を10倍して1分間の読書速度としていきます。

「読書速度の計測」の手順

① 準備したストップウォッチなどを利用し、6秒の経過で通知されるようにセットしましょう。

② ストップウォッチに手をかけた状態で、用意した本を開いてください。

③ 計測スタートと同時に、読書を始めます。音読ではなく、黙読してください。

ここで気を付けてほしいのは、無理に速く読もうとしたり、反対にゆっくり、しっかり読んで覚えようとしないことです。この章の最初にお伝えした通り、頑張ってはいけません。

「速読脳トレ」は、あくまで、「自身の脳力アップのトレーニング」です。誰かと競っているわけではないので、いつも通りの自分のペースで進めましょう。無理せず、気楽に行うことを心がけてください。

6秒が経過したら、計測終了の文字の部分をマークをして、文字数をカウントしましょう。先ほどお伝えしたように、あらかじめ1行の文字数を把握しておけば、すぐに文字数がカウントできるはずです。

その数字を10倍にしたものが、現在の1分間の読書速度ということになります。そして、準備した読書速度記録表の「トレーニング前」の項目に記録しましょう。それが今現在の読書速度になります。

※注意事項
「速読脳トレ」を行うにあたり、眼に疾病（網膜剝離、緑内障、白内障など）や光過敏症の症状のある方は、これから行うトレーニングで問題が発生しないかどうか、あらかじめ医師にご確認ください。

LESSON 2 眼のトレーニング

続いては、眼のトレーニングです。

普段の生活において、見るという行為は眼だけを動かしているわけではありません。上を見るときは首ごと上を見上げ、横を見るときも自然と首を傾けているはずです。眼だけで見るには、意識的に眼だけを動かすことになります。そのため、眼球を動かす筋肉＝眼筋はあまり使われていません。

眼は、いわばカメラのレンズのようなものです。レンズの状態が悪ければ、いい写真は撮れません。同様に、眼の状態が悪ければ、それだけ文章を見る力も落ちてしまいます。カメラのレンズをメンテナンスするようなイメージで、眼のトレーニングを行って、コンディションを整えましょう。眼の状態がよければ、文章も取り込みやすくなり、脳のパフォーマンスも向上します。「速読脳トレ」の効果を高めるためにも、日常的に取り入れてみてください。

■眼筋トレーニング

眼筋は、大きく動かすことで血流がよくなり、機能が向上します。最初の眼筋トレーニングは、左右・上下に眼を動かすトレーニングです。さっそく左右の運動に移りましょう。

「左右の眼筋トレーニング」の手順

① ストップウォッチなどを利用し、6秒間の経過で通知されるようにセットしましょう。

② 左右の手でそれぞれ人さし指を立て、顔の両側にセットします。

③　あまり顔から離れていない位置で、人さし指が目線の高さと同じぐらいになるようにします。

④　ストップウォッチをスタートさせ、頭や顔を動かさずに正面を向いたまま、眼だけをすばやく動かして左右交互に、目線の高さに立てた人さし指を見るようにしてください。

こちらも、読書速度計測と同じく、6秒間行います。右から左へ、左から右への片道を1回として、何回動かすことができたか記録表に記入しておきます。

トレーニングなので回数をカウントするのはあくまで目安です。繰り返していけば、少しスムーズに動くようになってくるでしょう。

なぜ6秒間なのかというと、長時間では眼が疲れてしまい、文章を見ることにも大きく影響するからです。とくに慣れないうちに、無理に回数を増やそうとすると、大きな負担がかかってしまいます。

このトレーニングについては、時間で計測せずに、回数で行う方法もあります。その場合は、左右の移動を12回〜14回、6〜7往復するように動かします。繰り返しになりますが、頑張らずにリラックスした状態で行ってください。もし、トレーニング中に眼の疲労を感じたら、すぐにやめてゆっくり休めるようにしましょう。

「上下の眼筋トレーニング」の手順

① ストップウォッチなどを利用し、6秒間の経過で通知されるようにセットしましょう。

② 左右の手でそれぞれ人さし指を横にして、片方をおでこより少し上あたりに、もう片方をあごの少し下あたりにセットします。

③ 左右に動かすトレーニングと同じように、ストップウォッチをスタートさせ、眼だけをすばやく動かして上下交互に、両手の人さし指を見るようにしてください。

こちらも、6秒間でトレーニングを行い、上から下、下から上とそれぞれ1回とカウントします。動かせた回数を数えたら、記録表に記入しておきましょう。

また、左右に動かすトレーニングと同じく、回数をカウントしてもよいでしょう。カウントも同じ12〜14回、6〜7往復です。

左右、上下の眼筋トレーニングをする際、コンタクトレンズを使用されている方は、控えめに動かすようにするか、裸眼のときに大きく動かすとよいでしょう。

■毛様体筋トレーニング

続いては、毛様体筋のトレーニングです。毛様体筋とは、簡単に言うと眼のピントを調節するときに使う筋肉のことです。

「毛様体筋トレーニング」の手順

① 準備したストップウォッチなどを利用し、6秒間の経過で通知されるようにセッ

トしましょう。

② 目線の高さに右手人さし指を立てて、顔から10～15㎝ほど離した場所にセットします。

③ そこからさらに20㎝（顔からは約30㎝）離したところに、今度は左手の人さし指を立てた手をセットします。

⑤ ストップウォッチをスタートさせ、右手人さし指と左手人さし指を交互に、奥から手前、手前から奥と見て、交互にピントを合わせていきます。

⑥ 今度は左手人さし指を手前、右手人さし指が奥になるように入れ替え、手順1～3を再び行います。

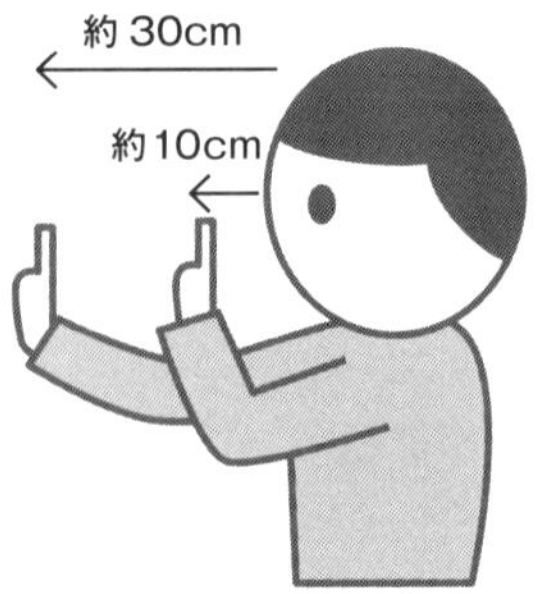

こちらも、6秒間で奥から手前、手前から奥をそれぞれ1回とカウントし、記録表に記入しておきましょう。

やってみるとわかると思いますが、人それぞれで利き目が違っているため、指を入れ替える前と後で、ピントの合わせやすさは変わってくるはずです。しかし、トレーニングを続けていけば、どちらにもすばやく対応できるようになっていくので、焦らずに気長に続けてください。

眼筋トレーニングと、毛様体筋トレーニングが終わったら、眼のトレーニングは終了です。

繰り返しになりますが、最初のうちは慣れない動きだと思いますので、無理をしないようにしてください。まずは、1日1セットか2セット程度からスタートしてみてください。眼を動かして、気持ちいいと思えるところでやめておきましょう。

このときも、コンタクトレンズを利用している方は、ズレない程度に動かすか、裸眼のときに大きく動かすようにしてください。

LESSON 3

速く見るトレーニング

ここまで読書速度の確認と眼のトレーニングを行ってきましたが、これで本格的な「速読脳トレ」の準備が完了です。

脳は、大量の情報を処理しようと自らバージョンアップしていきます。そこで次は文章をたくさん取り込む初歩のトレーニングとして、まずは文章をすばやく見るトレーニングを行います。

この章の最初でもお伝えした通り、「速読脳トレ」は速く読むことを意識するわけではなく、自然と速く読める状態をつくり出すことです。

そこで、まずはとにかく読めない速さで文章を追うだけのトレーニングを行います。

このトレーニングを繰り返すことで、脳が文章を取り込む速度が徐々に上がっていきます。

その結果、自分では普通に読んでいるのに、速く読めるようになっているのです。

「速く見るトレーニング」の手順

① 準備したストップウォッチなどを利用し、6秒間の経過で通知されるようにセットしましょう。

② スタートボタンに手をかけた状態で、用意した本を開いてください。

③ ストップウォッチをスタートさせたと同時に、内容を考えずに、ただひたすらすばやく文章を追って行きます。

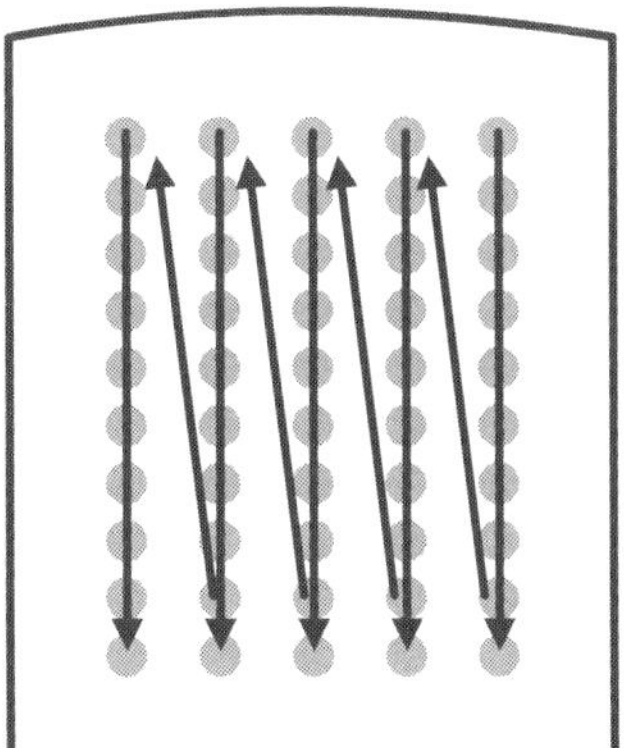

先ほどもお話ししたように、読めないくらいの速さで、ただすばやく見るということです。文章の意味を考えず、ひたすら行の頭から下に向かって文字を追います。

ポイントは、文章を捉えられないほどのスピードで、リズミカルにサッと線でなぞるようなイメージで眼を動かすことです。

どうしても文章を読めない速さで見るだけだと、その意味を考えてしまいがちですが、ここではいったん頭を空っぽにして、ただの字の羅列という認識で、文字を追いましょう。

6秒間で見られたところをチェックし、1回目に測ったところの3倍の文章量を目標に、再度トレーニングを行います。20秒ほどの休憩をはさんで、2回目のトレーニングを準備してください。

3回目も同様に、さらに速く見るように眼を動かします。その前の休憩も忘れずにしましょう。

このトレーニングでは、慣れないうちは眼が疲労すると思うので、疲れていると思ったらさらに休憩を取ってもかまいませんし、途中で中止しても大丈夫です。

3倍という目標についても、できなかったからといって問題はありません。それぐらい速く見るというイメージを持つことです。

最初はかなり難しいとは思いますが、限界を超えるようなスピードで文章を追うことを繰り返すと、頭の回転はどんどん上がっていきます。

このトレーニングは、文章を追っているだけなので、一見、どんな効果があるかわからないかもしれませんが、トレーニングを繰り返して、眼からの情報を増やすことで、頭の回転が速くなっていることを実感できるでしょう。

LESSON 4 視野を広げるトレーニング

人は文章を読もうとすると、自然に視野が狭まってしまいます。1行、1文字とどんどんフォーカスしてしまうため、一目で取り込める文章量は減ってしまいます。

これまでの自分の読書の仕方を振り返ってみてください。今まさに見ている1行の前後は視界に入りつつも、意識していなかったのではないでしょうか。

そこで次は、視野を広げるトレーニングを行っていきたいと思います。

「視野を広げるトレーニング」の手順

① 顔の少し前に開いた手を置いてください。

② その手を少しずつ手前に引いていき、手が見えるギリギリの位置で止めます。手を握ったり、開いたりすると、ギリギリの位置がよりわかりやすくなると思います。

③ さらに1㎝ほど手を引いて、完全に見えない位置にセットします。

④ 手は見えなくなっている状態ですが、視野を広げることを意識して手の位置を感じてください。

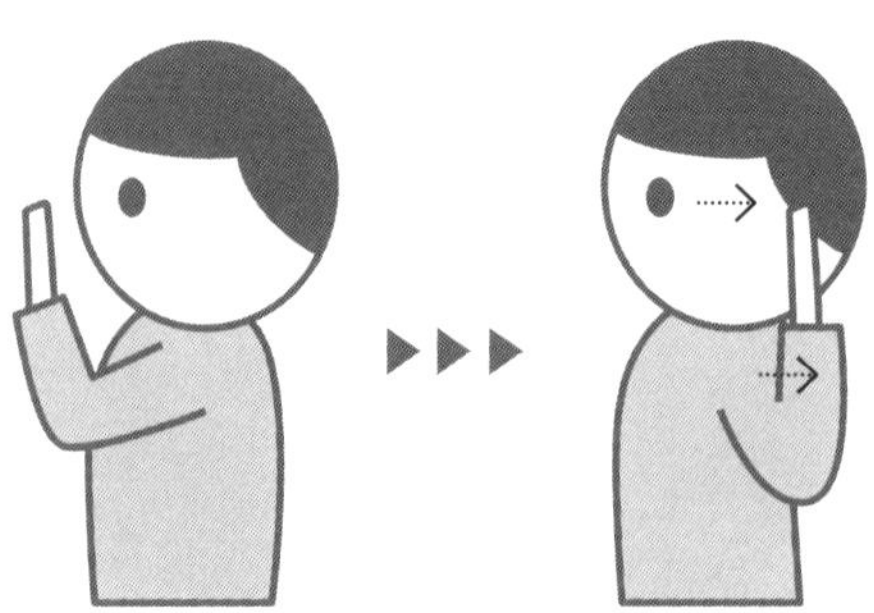

見えていなかった範囲を見ようと意識するだけで、視野は広がっていきます。

このトレーニングを行った直後に、真横や視界ギリギリに入っているものが、さっきよりも見えてくるようになっているはずです。

この視野の広がりによって、さまざまな場面で効果が実感できるかと思います。

まずは視野がグッと開けたようになり、入ってくる光の量が変わって、視界が明瞭になるでしょう。また、視野が広がったことで、周囲の情報がより把握しやすくなり、周りの人をフォローすることができたり、危険を察知したりすることができるようになります。車の運転などの際にも視野が広がり、ラクになったという話もよく聞きます。

また、視野は、考え方にも大きく影響します。グローバルな考え方ができる人のことを、「視野が広い」と表現しますが、このトレーニングをすることで、文字通り視野が広くなり、ものごとの捉え方によりよい影響を与えてくれるでしょう。

■「速く見るトレーニング」で視野拡大を実感

視野を広げるトレーニングを行ったところで、先ほどの速く見るトレーニングをもう一度試してみてください。手順も同じく、6秒間で3回まで繰り返しましょう。その際には、見るページも同じものにしてください。

上下にリズミカルに見ていくことを心がけ、ラクな気持ちで行いましょう。視野を広げる前と比べてみて、スピードアップしているはずです。

人によっては、同じ6秒間だったはずが、少し長く感じられることもあるかもしれません。もし、そうした感覚になっているとしたら、脳力がアップした証拠です。あまり変化が感じられなかったとしても大丈夫。少し休憩を入れてリラックスした状態で、再挑戦してみましょう。

また、自身の読書速度に変化を感じている方も、いったんここで休憩してください。慣れていないうちに、一気にトレーニングを詰め込むよりも、気楽な気持ちで気長に続けましょう。

無理せずに、休憩をはさみながら行ってください。

LESSON 5

読書速度の再計測

最後に読書速度の再計測を行います。ここまでのトレーニングで脳はかなりバージョンアップした状態になっており、前よりも文章を読むスピードは上がっているはずです。ただ、結果を出さなければいけないと思って、力みすぎてはいけません。

自然に脳がバージョンアップして頭の回転が速くなっている状態を感じるためにも、引き続きリラックスし、最初と同じ感覚で読んでみてください。

再計測でも、同じく6秒間で行いますが、今回は3回の計測を行います。それぞれの文字数をカウントし、3回のうちで最も多く読めた記録を10倍にして、記録表の「トレーニング後」の欄に記入してください。

これで「速読脳トレ」はひと通り終了です。

トレーニング前とトレーニング後を比べて、読書速度が向上していれば、「速読脳トレ」の効果は表れています。

また、数値の部分で記録が出ていなかったとしても、時間の経過がゆったり感じられたり、文章が見やすくなったり、何かしらの変化が起こっているはずです。自覚はなくても、速く見ることにより脳はバージョンアップしようとフル回転しています。

速く読めたと感じる人のなかには、「速読脳トレ」中に何度も見ているから速くなったのでは？　と思っている人もいるかもしれません。

気になる方は、同程度の新しい本（内容が難しくなると、読む速度は遅くなります）でも、同様の計測をしてみてください。「速読脳トレ」を行う前より数字が伸びていることが確認できるはずです。

習慣にすることで、脳がだんだんバージョンアップしていく

「速読脳トレ」を続けると、自身の考え方や世界の見え方も変わっていきます。脳力が変わると物事の捉え方や取り組み方も変わります。

自身の変化の指針として、読書速度の変化を体験することになりますが、人によっては、最初のうちは、これまでの感覚が抜けずに、あまり読書速度が上がらないかもしれません。しかし、**1回でも「速読脳トレ」を行えば、それは「新しい感覚があることを知った」という大きな成長**です。

焦らずに、何度も繰り返すことで、確実に身についていきます。最初のうちは半信半疑かもしれませんが、習慣化することでどんどん日常的に脳がバージョンアップし

た状態になっていくでしょう。続けていくうちにリミッターが外れる瞬間があるので、まずはコツコツ続けていくことです。

日本人の1分間の平均読書速度は600文字～800文字と言われており、仮に200ページの本を読むのであれば、3時間程度を要すると言われています。

ただ、これより遅い場合でも、気にする必要はありません。これから「速読脳トレ」を行っていけばどんどん速くなっていきますし、平均値よりも少なければその変化の大きさがより強く感じられます。

それが、「速読脳トレ」を続けるモチベーションにもなるはずです。まずは、今の自分の基準値という数字ということで、気楽な気持ちで捉えておきましょう。

「速読脳トレ」は毎日できなくてもかまいません。3日に1回、1週間に1回でもいいでしょう。「できるときにやる」という気持ちで、半年、1年と続けたほうが習慣化しやすいのです。やらない期間があったとしてもかまいません。「続けられなかった」「やらなかった」と悩んだりするよりも思い出したときにまた再開すればよいのです。

何度もお伝えしてきたように、気楽にゆったりやるスタンスが重要です。少しでも頭の回転が速い状態を体験したことがあれば、すぐに思い出すことができると思います。継続させるためにも、とにかく気負わないで楽しんで行ってください。

5分も長い！そんなときには超時短の「10秒速読脳トレ」

ここまで、「速読脳トレ」について解説しましたが、一通り実際にやってみて、5分以内に終わらせることができたかと思います。

さらに慣れてきたら、隙間時間の10秒でも頭の回転が速くなる時短トレーニングでタイパをアップしましょう。

やり方はいたって簡単で、**10秒間、文章を速く見るトレーニングを行うだけ**です。

次章でどういったシーンなどでできるかというところを詳しく解説しますが、ここで紹介した5分で行える基本の「速読脳トレ」は、1日1回だけで、頭の回転が速くなった感覚を何度か感じたら、あとはこの10秒トレーニングだけでも大丈夫です。

先ほど、「速読脳トレ」については毎日できなくてもかまわないとお話ししましたが、5分のトレーニングができなかったとしても、これならパッとできるので、モチベーションの維持にもつながります。習慣として取り入れやすいと思いますので、ぜひ試してみてください。

本章のポイント

基本のトレーニングは、1日の初めにできるだけワンセット行うのがおススメ。慣れてきたら、「10秒速読脳トレ」だけでもOK

PERFORMANCE

5

脳への「10秒チャージ」で仕事が速くなる!

隙間時間でタイパがみるみる上がる！

PERFORMANCE 4で「速読脳トレ」の基本を学んだところで、本章では家やオフィスなどシーン別に、10秒でできるトレーニング方法をお伝えします。

また、日常生活のなかで「速読脳トレ」を行う際のポイントやコツも知っていただきたいと思います。もちろん、その通りにできなくても大丈夫。あくまでも日常に取り入れる基本パターンだと思って、気軽に取り組んでください。

基本ができれば、1日に何回トレーニングしなければならない、というルールもなければ、何分しなければ効果がない、ということもありません。

仕事の大事な場面や、疲れたと感じたとき、仕事のパフォーマンスを上げたいときに、「10秒速読脳トレ」を取り入れてみましょう。

「10秒」で頭のネジを巻きなおす

ここで、あなたの頭にネジがついているとイメージしてみてください。

朝起きて、めいっぱい頭のネジを巻いたとします。会社に出社して、朝のミーティングを終えて、午前中にやるべき仕事を終えたあたりで、少しひと息入れたいタイミングがあると思います。

そこで「10秒速読脳トレ」を行って、頭のネジを巻くのです。すると、鈍くなった回転をもとの速さに戻すことができます。

とくにオフィスではゆっくり休める時間がない人も多いと思います。時には外でランチをする時間もなく、デスクで昼食を摂りながらパソコンに向かう日もあるでしょう。そんなときほど、「10秒速読脳トレ」を行って、脳全体を活性化していってください。

また、真面目な人ほど、「ちゃんとやらないといけない」とか「しっかり時間をかけないと効果がないのでは?」と心配になるようですが、そのような思い込みは不要です。ちょっと疲れたときに気分をリセットするような感覚で気軽に取り入れてみてください。

「締め切り設定」＋「速読脳トレ」でさらにスピードアップ

ここで質問です。次の仕事の依頼のうち、どちらが速く終わると思いますか？

「期限はいつでもいいので、AとBの書類を1つにまとめてください」

「来週までに、AとBの書類を1つにまとめて提出してください」

作業量は同じだったとしても、「締め切り」が設定されると、人はその仕事を優先して取りかかろうとします。

逆に「いつでもいい」と、締め切りが設定されないと、つい後回しにしがちになります。

このように、**人は「いつまでに」という締め切りが設定されたとたん、締め切りから逆算してスケジュールを組み立てるようになります。**

納期を設定すると、脳のパフォーマンスが上がります。仕事のタイパを上げたかったら、締め切りを設定しましょう。そのほうが優先順位をつけやすく、効率よく仕事ができるようになります。

ここに「速読脳トレ」をプラスすることで、脳全体の機能をアップさせて、仕事のスピードをさらに上げることができます。

私が昔からお手伝いしている企業の社長さんや社員のみなさんの多くは、仕事に対して細かく締め切りを設けたうえで、さらに「速読脳トレ」を仕事の合間にやることで、より効率よくスピーディーに仕事をしているといいます。

このように「速読脳トレ」は、時間に追われたなかでも追い風のような役目をします。仕事の合間にトレーニングをはさむことで、締め切りのプッシャーでブレーキがかかりがちな頭の回転を速くすることができるようになります。

仕事に締め切りを設けつつ、トレーニングを合間に行うことで、脳全体が活性化して効率がよくなるので、目標達成に近づくことができるのです。

またトレーニングにより、視野も広くなりインスピレーションも冴えることから、臨機応変にそのとき一番よい方法を選び取ることができます。

締め切りを設定して時間が限られたなか、最適な選択をするということは、時間のロスをしないというううえで、とても重要になります。

「締め切り設定」に「速読脳トレ」をプラスすると最強、という理由がおわかりいただけたでしょうか。

タイパを重要視するビジネスパーソンの方には、ぜひ実践していただきたいと思います。

「できる」と思うと、脳もその気になる

「10秒速読脳トレ」をより効果的にするためには、脳でいいイメージを描きましょう。

なぜかというと、**脳はとても暗示にかかりやすく、「現実と想像の区別がつかない」**という特性があるからです。

例えば、「目の前に酸っぱいレモンがあるとイメージしてください。そのレモンを食べたところを想像してください」と言われたら、実際にレモンを食べたわけではないのに、唾液が出てきませんか?

このように脳にとっては「イメージされたもの」と「実際に五感で感じ取ったもの」の区別はなく、情報として処理する流れは同じなのです。

この脳の特性をいいほうに活かせば、頭のなかでよいイメージをすることで、実際のパフォーマンスも同じようによい状態になります。

反対に、「できない」「無理」とイメージすると、取り組み方も変わります。

仕事の合間に「速読脳トレ」を行うときも、「仕事が忙しいのに、そんなことできない」「やったところで何も変わらない」など、マイナスな思い込みやイメージをすると、せっかくトレーニングを行っても処理能力が落ちてしまいます。

私が「速読脳トレ」を、必ず「考え方」と一緒にお伝えするのは、脳がよくも悪くもイメージに左右される特性を持っているからです。

そこで仕事の合間に「10秒速読脳トレ」を行うときは、頭の回転が速くなってるイメージや、仕事がはかどっているイメージ、仕事のタスクをやり遂げて達成感を得ているイメージを持つようにしましょう。

本来は「仕事がうまくいく」「目標が達成できた」と、いい結果をイメージすることが脳にとってもプラスになるのですが、難しいようであれば「きっとうまくいくはず」とワクワク感を持つだけでもＯＫです。

「10秒速読脳トレ」はいつでもどこでもできる!

「朝食のあとは○○をする」「寝る前には○○をする」など、毎日のルーティンを決めている人がいます。それ自体は悪いことではありません。でも、**「こうしないとダメ」「これができなかったら、うまくいかない」という決めつけや思い込みは、脳の可能性を狭めてしまいます**。それは、あなたのパフォーマンスにもかかわってきます。

例えば、仕事の合間に「10秒速読脳トレ」を取り入れる場合、「朝の会議前と、昼食後にやろう」と決めても、仕事の都合やイレギュラーなことがあれば、自分が決めたスケジュール通りにいかないこともあります。

確かにスケジュール通りにいかないとイライラしたり、ストレスを感じることがあるかもしれませんが、「10秒速読脳トレ」に関しては、「いつでも、どこでもできるから大丈夫」と思うようにしましょう。

このあとシーン別の「10秒速読脳トレ」のやり方をお伝えしますが、特別なテキストも必要なければ、場所も限定されません。今、読んでいる本でもOKですし、スマホのWEB記事でも、電車内の広告の文字でもOKです。

つまり、家でも会社でも、カフェでも移動の電車やバスでも、トイレのなかでもトレーニングはできるということです。

「いつでも、どこでも」という点では、時間がない日は「5秒」でもOKです。でも、時間がある日は「1分」でも「3分」でも負担にならない時間で行ってみてくださいね。

「こうでなければダメ」と思うよりも、できない日があっても、計画通りにできなかったことにイライラせずに、「いつでも、どこでもできるのが速読脳トレ」を合言葉にしましょう。

シーン別「10秒速読脳トレ」のやり方

ではいよいよ、毎日の生活のなかでどのように「速読脳トレ」を取り入れていけばいいのか、シーン別にお伝えします。

本書ではわかりやすく「10秒」と設定していますが、先ほどもお伝えしたように、そのときの状況に合わせて「5秒」でも「1分」でも臨機応変にやってみてください。時間は自分が「心地いい」と感じる長さでOKです。

朝起きたら

1日の始まりである朝は、その日のパフォーマンスの質を決める大事な時間です。とくに朝が弱い人にとっては、しばらく頭がぼーっとしているかもしれません。「速読脳トレ」は、朝起きたときにこそ最適です。それは朝一番にトレーニングすると、脳全体が活性化することで、シャキッとするからです。

この章では、基本的に10秒でできる「速読脳トレ」のやり方をご紹介していますが、朝一番に行うトレーニングは「10秒」でも「1分」でも大丈夫です。

①まずは朝起きてベッドのなかで、基本の「眼のトレーニング」（PERFORMANCE4参照）をやりましょう。時間がない場合は、できる範囲で大丈夫です。

②基本の「眼のトレーニング」が終わったら、読めない速さで速く見るトレーニングをしましょう。本は何でもOKですが、電子書籍ではなく、紙の本のほうがより多くの情報をすばやく取り込めます。

ポイント

●「眼のトレーニング」は、慣れてきたら毎日やらなくてもいいですが、初めて「速読脳トレ」を行う人は、できれば最初の1カ月は朝のタイミングに行いましょう。

●慣れてきたら、歯を磨きながら、身支度をしながらやってみてください。脳は「ながら」作業が大好きです。仕事のマルチタスクが得意な脳を育てることができます。

電車・バスのなかで

移動中の電車やバスのなかは、絶好のトレーニングタイムです。ここでは「10秒」にこだわらず、自分ができる時間で行いましょう。

満員電車やバスのなかで、本を広げるのが難しい場合は、「車内吊りの広告をパパッと見る」「スマホのニュース記事をサッと見る」だけでもＯＫです。

車内吊りの広告を見る場合は、1つの広告のなかの文字をジッと見るのではなく、車内の数箇所にある広告を眼でパッパパッと追うように見ると効果的です。

それも難しい場合は、電車やバスの窓の外に見える看板の文字、ビルの屋上の看板の絵や文字を眼で追うだけでも「10秒速読脳トレ」ができます。その場合は、遠くにある看板よりも、なるべく電車やバスから近い看板を見るようにしましょう。いろいろ工夫してみてくださいね。

ポイント

●電車やバスのなかなどの移動時間で「10秒速読脳トレ」をする場合は、いかにそのときの状況に合わせてできるか、ゲーム感覚でできるといいですね。席に座れたときは紙の本で、立ったままのときはスマホを使ってなど、臨機応変にできるようになると、より脳の機能アップにもつながります。

●移動中に「10秒速読脳トレ」で使うために、スマホに文庫本のテキストを入れたり、メモ機能などを使って2000文字ほどの文章を入れたりしておくと、自分専用の「速読脳トレ」のテキストになります。

仕事の前に

仕事中は、「10秒速読脳トレ」の効果を一番発揮できるタイミングです。とくに「資料の内容や数字にミスがないかチェックしたいとき」「別の仕事に切り替えるとき」といったタイミングで、「10秒速読脳トレ」を行いましょう。

情報処理能力が上がることでミスも少なくなり、時間をゆっくり使いながら効率よく仕事を進めることができます。

ポイント

●仕事のなかでも自分が得意、不得意なジャンルがあると思います。無理なくできる得意な仕事は脳もやる気になっているので、ラクにサクサクできますが、気が進まない仕事、苦手な仕事の前に「10秒速読脳トレ」をやるのもおすすめです。右脳か左脳かだけではなく、脳全体が活性化されるので、苦手な作業も前向きに取り組むことができるでしょう。

会議やプレゼンの前に

大事な会議やプレゼンの前は、誰でも「ミスしたらどうしよう」「上司やクライアントのリアクションが気になる」など緊張や不安を抱きやすいときです。そんなときこそ「10秒速読脳トレ」を行うことで、脳をリラックス状態にできます。

ポイント

●会議やプレゼン前なら、資料を何回かサッと見るだけでも効果があります。緊張やプッシャーがあるときは、視野が狭い状態になりがちです。だから「失敗したらどうしよう」と、悪いことにしか気持ちがいかなくなるのです。大事な仕事の前にこそ「10秒速読脳トレ」を行って、頭のネジを巻きましょう。不思議と気持ちが落ち着いて、本番に臨めるようになります。

●大事なプレゼンの前に一番気になるのが、思わぬアクシデントです。資料にミスがあったり、プレゼンを行うモニター機材にトラブルが起きることがあります。でも日々トレーニングを行っていると、視野が広い状態が保てることで、状況判断が速くなります。結果、失敗のリカバリーも早くなるので、アクシデントにも対応できます。

昼食後、眠気がきたら

昼食後は、一番眠くなる時間帯です。
まさに食後に脳の状態を改善するのが「10秒速読脳トレ」です。
脳全体を活性化することで、頭の回転が速くなり仕事もはかどります。

ポイント

●オフィスで昼休みのあとに大事な会議がある場合は、昼食の前後で「10秒速読脳トレ」をはさむといいでしょう。食後、眠気がくるのを予防できます。
●リモートワークも増え、自宅で仕事をする人もいると思います。昼食後、眠くなることが多い場合は、15分ほど仮眠をとり、その後「10秒速読脳トレ」をすると、頭がシャキッとします。「昼寝」と「速読脳トレ」を上手に組み合わせて、昼食後の眠気をコントロールしましょう。

ルーティーンワークをリフレッシュしたいとき

職種によっては、日々のルーティーンワークに追われることが多いケースもあります。手慣れた仕事ではあっても、時には単調な仕事に飽きてしまい、リフレッシュしたい気持ちになることもあると思います。

脳は同じリズムが続くと、刺激がなくなり処理能力が落ちることがあります。

そのときに上手にリフレッシュすることで、また新鮮な気持ちで仕事に向き合うことができます。違う仕事をするとか、休憩時間に会社を出て散歩することができればいいですが、それが難しい職場では、ぜひ「10秒速読脳トレ」で頭のネジを巻きなおしてリフレッシュしてください。

ポイント

●可能であれば自分のデスクを離れて、休憩室やカフェスペースなどで「10秒速読脳トレ」を行いましょう。気分転換にもなり、効果的です。

●お手洗いに行ったり、給湯室でお茶を入れたタイミングで「10秒速読脳トレ」を取り入れると、脳だけでなく全身の血流がよくなりリフレッシュできます。マンネリ気分を打破してモチベーションも上がるので試してみてください。

退社前のプライベートタイムを楽しむ準備として

脳には、仕事の時間だけがオンタイムで、プライベートの時間はオフタイムなどという区別はありません。仕事以外の時間も充実した時間にしたいのなら、脳にとってはどちらも「オンタイム」です。

そこで、仕事が終わって退社する前に軽く「10秒速読脳トレ」をやっておくと、気持ちの切り替えができて、プライベートも密度の濃い時間を過ごせるようになります。

ポイント

●退社後を、趣味や学びの時間に使う人は、ぜひ仕事が終わったあとに「10秒速読脳トレ」をやってください。血流がよくなり、仕事で疲れた頭がリフレッシュされます。頭の切り替えも速くなり、自分の時間を楽しむゆとりが生まれます。

●仕事とプライベートの切り替えがうまくできず、ずっと仕事のことを考え続けてしまう、という人は、仕事の疲れを持ち越さないためにも、「10秒速読脳トレ」を行って、上手に線引きをしましょう。

寝る前に行うことで、睡眠の質を上げる

質のよい睡眠を取るためにも、ぜひ寝る前に「10速読脳トレ」を行いましょう。脳

が活性化されると、脳のコンディションが整うので、熟睡できるようになります。

ポイント

●睡眠時間にこだわるのはやめましょう。睡眠は「時間」より「質」が大切です。大事なのは起きたときに、すっきり目覚めることです。「速読脳トレ」を習慣にすると、なかには寝つきがよくなったとか、寝起きがよくなったという人も多くいます。

ケガの回復、体調管理のサポートにも役立つ

ここまでは日常的に取り入れてほしい「10秒速読脳トレ」を紹介してきました。本章の最後に、イレギュラーではありますが、「速読脳トレ」がケガの回復を促したり、免疫力を上げて体調をサポートしたりする効果があることをお話ししておきましょう。

脳の機能が上がって血流がよくなると、当然、全身の血流もよくなります。

脳は全身の機能への司令塔でもあり、体全体の機能に大きく関係しています。このことについて、奈良学園大学、リハビリテーション学科長の辻下守弘先生にお考えを伺ってみました。

「速読脳トレによって、脳の機能が上がると、全身の細胞が活性化します。それにより、傷の治りが早くなる、といったことが考えられます。

また、マッサージをしたり、お風呂にゆっくり入っても疲れがなかなか取れないのは、脳の疲れが取れていないから。本来は、脳の疲れを緩和してあげないと、全身の疲れが取れずリラックスできません」

いくら休んでも体が重いとか、体調がスッキリしないという人は、「速読脳トレ」でまずは頭の回転を速くして脳の機能を整えましょう。

体のメンテナンスだけ一生懸命しても、体調は整いません。ケガの治りを早くしたい場合も、脳の機能を上げて細胞を活性化しましょう。**本当の意味で調子がいいという状態は、頭の回転も速く、体も軽い状態なのです。**

「速読脳トレ」を実践している人からは、風邪をひきにくくなった、ひいたとしても回復が早いといったお声をよくいただきます。体調がすぐれないというときにも、ぜひトレーニングを積極的に取り入れてみてください。

本章のポイント

時間が経てば頭の回転は鈍くなる。
1日のなかでこまめに「10秒速読脳トレ」を取り入れて、高いアベレージをキープしよう

PERFORMANCE

6

「速読脳トレ」を習慣化する7つのコツ

「速読脳トレ」は続けることに意味がある

ここまで「速読脳トレ」について、いろいろな角度からお伝えしてきましたが、このトレーニングがいかに脳の情報処理能力を上げ、仕事のタイパをよくするかはおわかりいただけたと思います。

ただ、いくら「速読脳トレ」が情報処理能力を上げるとしても、習慣化できなければ、意味がありません。

そこで最終章では、**どうすればトレーニングを続けることができるか**についてお伝えします。

「再開力」が身につく！三日坊主のすすめ

ダイエットでもウォーキングでも資格試験の勉強でも、始めて3日目くらいまでは頑張れるのに、そこから続かないというケースはよくあります。

いわゆる「三日坊主」ということですが、なぜ人は新しいことが続かない傾向があるのでしょうか。

その理由は、**脳の仕組み**が関係しています。

1日の行動のうちのほとんどは、無意識の習慣で成り立っているといわれています。

例えば、朝、歯を磨いて、顔を洗って、身支度をして出勤するまでの行動は、いちいち考えなくても無意識に行っているはずです。

毎日の習慣で人は「考える」という感覚がなくなり、日々のルーティンで行っていることなら、意識せずとも勝手に行動することができます。

「自分は三日坊主の怠け者だ」と落ち込むことがあるかもしれませんが、脳の性質上、新しい習慣などの変化を避けるようにできているのです。

「三日坊主」の人は「速読脳トレ」は続けられないのでしょうか？　いいえ、**「三日坊主」をそのまま続ければいいのです！**

たとえ「三日坊主」で、いったんストップしてしまっても、気づいたときからまた再開して、そこでまた「三日坊主」になったとしても、また再開することを続けていけば、継続できていることになります。

これは仕事でも勉強でも趣味でも同じです。毎日、コツコツ続けられることは素晴らしいことですが、「毎日できなければダメ」というのではなく「3日続けて、ひと休み」、また「3日続けて、ひと休み」というふうに「三日坊主」を続ければいいだけです。

「先生、三日坊主で続けられませんでした」と言って、すぐあきらめてしまう人がいたときは、「三日坊主を続ければ、そのうち歯を磨くのと同じ感覚で、やらないと気持ちが悪くなりますよ」とお伝えしています。

脳はもともと、「いつも通り」に安心する性質があります。「三日坊主」を何度も繰り返すことを私は**「再開力」**と言っていますが、これを続けることで次第に「いつもの当たり前のこと」になっていきます。

本当にやりたいこと、仕事で成し遂げたいことがあったら、「三日坊主を続ければいい」という「再開力」を身につけていきましょう。

できない日があってもいい

「三日坊主を続ける」というお話の続きになりますが、真面目な人ほど「できたこと」より「できなかったこと」に焦点を当てて悔やむことが多いようです。

人はその日の気分や体調、環境に左右されます。なかには、どんな状況でも自分の決めたことはなにがなんでもやる、という強靭《きょうじん》な精神の持ち主もいるでしょう。

でも、それができなくても落ち込まないでください。「速読脳トレ」を日々のスケジュールに組み込んだとしても、仕事が1日外回りだった、体調が悪かった、単にやる気が起きなかった……など、どうしてもできない日があると思います。

そんなときは、**「できなくてもいい。そんな日もある」と割り切りましょう。できなかっ**

たことに対して「自分の意思が弱いからだ」と自分を責めてみても、何もいいことはありません。

ある会社で企業研修をしたとき、社員の1人が、「トレーニングを家でもやろうとしたのですが、眠くてできませんでした」と申し訳なさそうに話してくれました。しかし、眠いときは無理してやらなくていいです。眠いときは寝て、頭がすっきりした状態で改めて「速読脳トレ」をやればOKです。

「やらなかった」ことを悔んだり、自分にダメ出しするより「明日からまたやればいい」と気持ちを切り替えましょう。

「速読脳トレ」に限らず、何かを習慣化したかったら、「どうしたらできるか、続けられるか」を考えてしまいがちですが、休み休みでも続けることが大切です。

そのように思えること自体、あなたは昨日より成長しています。本当は行き詰まったときこそ「速読脳トレ」をやることで、突破口を見出すひらめきが生まれるのですが、気が向かないときは無理にやろうとしなくても大丈夫です。

気持ちを切り替えて、できるときにやってみてください。

頑張らずに「いい加減」を目指す

私のセミナーや研修では、**「頑張ります！」という言葉は禁句**になっています。私はいつもみなさんに「頑張らないでくださいね」とお伝えしています。

確かに「頑張った！」と思う瞬間は、充実感を得ますが、実は「頑張ろう」と力んでしまうと、つい余計な力が入っていい結果が出ないことが多いからです。

とくに「頑張った感」というのがクセモノです。「頑張った自分」に安心してしまうと、そこから成長できません。

実は頑張って出す結果よりも、頑張らずにリラックスしているほうがいい結果が出ます。

「頑張って」しまうと、脳力が十二分に発揮できません。それよりもリラックスした状態のほうが、脳は高速回転して、情報処理が速くなります。

トレーニングを行って脳力を最大限に発揮したかったら、**「いい加減」**で**「適当」**になりましょう。

「いい加減」というのは、「おおざっぱ」という意味にも使われますが、本来は「程よいさま」という意味もあり、リラックスしながら力を発揮している状態を指します。

また、脳がいい状態のことを、私のセミナーに参加した人のなかには、『ドラゴンボール』に出てくる「精神と時の部屋」（神の宮殿のなかにある特別な部屋で、この部屋のなかでは、外の世界と比べて時間が３６０倍速く流れる）に、たとえる人もいます。

これまで「頑張ったわりには結果がついてこなかった」という人は、頑張るのをやめてみましょう。力んで頑張ることより、リラックスして「いい加減」でいるほうが、結果が出せるようになります。

トレーニングを続けて習慣化すれば、頑張らなくても自然と結果がついてくるので大丈夫です。

自分ができるタイミングでやる

本書では「速読脳トレ」を効率よく、日々のスケジュールに取り入れていただくために、あえてシーン別、時間別に紹介しましたが、あくまでもこれは基本パターンです。

一番の目的は「習慣化する」ということですから、仮に朝のタイミングでトレーニングができなければ、昼の時間帯でもＯＫです。

会社によっては、昼前に出社することもあります。朝、起きてできない場合は、出社したタイミングでトレーニングを行ってもいいのです。


看護師さんで夜勤がある人は、夕方に病院に行き、夜中に宿直をして朝、帰ります。そのような仕事の場合、勤務のローテーションに合わせて、仕事の始まる前に基本のトレーニングをしっかりやって、夜中の勤務の合間に「10秒速読脳トレ」を取り入れているそうです。

病院勤務は、患者さんの容体が急変することもあり、常に頭をクリアな状態にしていなければなりません。疲れもストレスもたまる仕事ですが、本人曰く、「速読脳トレ」を習慣化してから、疲れが取れやすくなったそうです。

このように、**自分の生活のパターンに合わせて、できるタイミングで「速読脳トレ」を行いましょう**。繰り返しになりますが、いつも同じ時間にできるとは限らないので、臨機応変に考えてください。時間がズレても問題ありません。

朝、できなければ昼でもＯＫですし、朝やって、そのまま調子がよければ、退社前に「10秒速読脳トレ」を行うパターンでもＯＫです。

臨機応変にできるようになると、トレーニングを無理なく習慣化することができます。

「やっている感」を求めない

これは「速読脳トレ」に限りませんが、何かを始めたばかりの頃は、どうしても「やっている感」を出したくなります。

例えば、やたら時間をかけてしまう、やり方にこだわりすぎてしまう、誰かと比べて自分のほうが成果が出ていると自慢したくなる、などです。

やたら長い会議なども「やっている感」を出している代表例かもしれませんね。これはタイパ的にもムダと言えます。

「速読脳トレ」に関して言えば、使用する本はどのような内容がいいかとか、時間はやはり長くやったほうが効果があると思って、やたら長い時間行ったりするのも、単に「やっている感」を出しているだけです。

一番いいのは、**短い時間でもサクッと簡単に行う**ことです。これが結局、一番効率がよく、なおかつ継続性もあるのです。

最初のうちは、「本が速く読めること」にこだわって、「1分で何ページ読めた」とか「6秒でもたくさんの文字が読めるようになった」と比較したくなりますが、これまでお話ししてきたように、「速読脳トレ」の目的は、本が速く読めるようになることではありません。それはあくまでも「頭の回転の速さ」の目安に過ぎないのです。

トレーニングを始めて、自分がどのくらいタイパがよくなったのか、仕事を速く進められるようになったのかは、実は自分自身ではあまり実感できないものです。

最初は本を読むスピードが上がることで、頭の回転が速くなったことを実感できますが、そのスピードに慣れてしまうと、それが自分にとっては「普通」になります。

そのため「やっている感」や「成果」を気にするよりも、簡単なことをたんたんと続けるほうがよほどプラスになります。

「やっている感」を求めてしまうと、自身の脳力アップの目的をはき違えてしまいます。

前にもお伝えしたように、「速読脳トレ」のゴールは、あなたが「すごい人」になることではありません。

簡単なことをサクッと続けながら、他人から見た「すごいこと」が「当たり前の普通のこと」になることなのです。

「面倒くさいこと」こそ先にやろう！

あなたは面倒なことは先にやりますか？　それとも、先延ばしにしますか？

このような話のたとえでよく言われるのは、「夏休みの宿題は、先にやりますか？ギリギリにやりますか？」という質問です。

本書の大きな目的は「仕事のタイパをよくする」ということです。**効率よく仕事を進めるためには、「面倒なこと」「時間がかかりそうなこと」「自分が苦手なこと」こそ、先に取り組むこと**をおすすめします。

なぜなら、それ以外の仕事は、「自分自身が苦ではない仕事＝早く片づく仕事や取り組みやすい仕事」の可能性が高いからです。

例えば、あなたがプレゼン用の資料を作成するのが苦手だとします。朝、出社してからすぐ取り掛からずに後回しにしてしまうと、午後からはイレギュラーな仕事や問い合わせなどに対応して、結局、時間がなくなって「明日、やろう」と先延ばしにしてしまうのが関の山です。

せっかく毎朝、「速読脳トレ」をやって頭の回転を速くしても、苦手な仕事を放置したままでは、タイパはいつまでたってもよくなりません。

そうすると、結局「速読脳トレをやっても、効果が実感できない」と思い込んで、習慣化できずにやめてしまいます。

せっかくトレーニングして頭の回転を速くしたのですから、情報処理能力が一番上がったところで、苦手なこと、面倒なことは先に手を付けましょう。

そのあとの自分がラクに取り組める仕事は、苦手意識がない分、早く取り組めることができるので、いつもより仕事が早く終わります。

そうしてトレーニングの効果を最大限に発揮してタイパがよくなれば、自然と仕事の合間に組み込んで、習慣化することができます。

スランプを感じたら、原点に戻る

どんなに優秀なビジネスパーソンでも、一流のスポーツ選手でも、ずっと絶好調なままではいられません。時にはスランプを感じて停滞期に入ることもあります。

人はスランプになったときに「今までのやり方を変えたほうがいいのでは？」と焦ってしまいます。

ところが、スランプになっているときは、そもそも判断力が鈍っています。

これまでのやり方や流れを変えることで、ますます実力が発揮できないことはよくあるケースです。

例えば、プロ野球選手がヒットを打てないときに、バッティングフォームを変えるようなものです。そこで結果が出なければ、ますます低迷してしまうのは目に見えているでしょう。

本来は、**スランプのときこそ、これまでのやり方を大きく変えずに、自分のなかのズレを整えたり、モチベーションを上げる試みをしたほうがいい**のです。

それは「速読脳トレ」でも同じことが言えます。続けられない多くの人は、スランプを感じたときに中断してしまっています。

例えば「本を読む速度が上がらなくなった」「思ったほどタイパがよくなっている実感がない」など、成果が目に見えて実感できないと、つい「もうやめてしまおうかな」と思ってしまうかもしれません。

このようなときは、原点に戻ってみましょう。「速読脳トレ」を始めたときの、読書速度の記録を見てみるのです。

きっと、その頃よりも1・5倍や2倍近く、本を読む速度が上がっているはずです。

そのスピードこそ、今のあなたの頭の回転の速さです。

どんなことでも、停滞期があり、そこを抜けると成長期や絶好調がやってきます。
これまで習慣化してきた「速読脳トレ」を完全にやめてしまうのではなく、スランプ期こそ、いつもより回数を多くやって、脳の機能をアップしてみてください。

本章のポイント

継続は力なり。「速読脳トレ」は習慣化してこそ、脳の機能が高い状態をキープできる

「速読脳トレ」で仕事力がアップした方々

実績紹介

ここで、実際に「速読脳トレ」でタイパが上がり、仕事力がアップした方々の実例をご紹介しましょう。

仕事が早く終わりリフレッシュする時間が増えた!

（メーカー勤務・30歳）

経理部に所属して5年。頼りにしていた先輩が退職してしまい、自分の仕事量がかなり増えてしまいました。おまけに部下の仕事のチェックなども自分の役目となり、時間がいくらあっても足りない状況でした。

平日はフル稼働なので、土日は疲れきって家で寝てばかり。このままではいけないと思っていたときに出合ったのが、呉真由美先生の「速読脳トレ」の本です。

最初は、本を速く読めればいいな、くらいに思っていたのですが、毎日、起きてからトレーニングを行うようになってから、不思議と頭はスッキリするように。出社して仕事が始まるとき、昼食後にトレーニングすることで、疲れていた頭がクリアになり、無理せず仕事がはかどるようになりました。

一番うれしかったのが、これまで1時間かかっていた仕事が早く終わるようになり、リフレッシュする時間を持てるようになったこと。

うちの会社は社員用の喫茶スペースがあり、おいしいコーヒーやお茶が飲み放題、スイーツが食べ放題なのですが、これまで時間に追われて一度も行ったことがありませんでした。

でも今は仕事が早く片づいたときは、喫茶スペースでゆっくりくつろいでリフレッシュすることで、さらに仕事の効率が上がるようになりました。そういう意味で「速読脳トレ」には感謝しています。

効果が実感できるから継続もできているのだと思います。

視野が広くなったことで、ミスがなくなった

（商社勤務・28歳）

私は、すぐ気が散ってしまい、集中力がないのが悩みでした。人の話し声や足音、においに敏感なこともあり、仕事環境によっては集中できないこともよくありました。

とくに今年、部署移動があり、自分の席がミーティングスペースのすぐ近くになってしまい、別のチームのオンラインミーティングの声が気になって、ますます仕事がはかどらなくなってしまいました。時間内で終わらない仕事は家に持ち帰って作業していたので、オンとオフの切り替えができずにストレスはたまるばかり……。

そんなときに先輩がすすめてくれたのが、「速読脳トレ」でした。文章

を眼が追い付かないくらいの速さで見るだけ、と聞いて最初は半信半疑でしたが、仕事が速い先輩の秘密を知れたうれしさで、毎日、仕事の合間にトレーニングを行っていました。すると、あれだけ気になっていた人の話し声や雑音が気にならなくなり、いつもより時間に余裕を持ちながら仕事に取り組めるようになっていったのです。

大きな変化としては、仕事のミスが少なくなったことが挙げられます。今まではプレゼン資料でデータの記載ミスをしてしまったり、クライアントのアポの日程調整を間違えたりすることもあったのですが、広い視野で仕事全体を見ることができるようになったため、ミスを瞬時に見つけて対応できるようになりました。

また、これまではすぐに頭が疲れてしまい、片頭痛に悩んでいたのですが、仕事の合間にトレーニングをすることで、頭がリフレッシュされ、疲れにくくなったように感じます。これからもいいコンディションでいられるように「速読脳トレ」を続けようと思います。

平社員があっと言う間に幹部候補に

（ＩＴ関連会社・26歳）

大学の先輩が社長を務めているＩＴベンチャーに就職して2年。誰からも手取り足取り仕事を教わる環境ではなく、自分自身で何をやるべきか考えて仕事に取り組まなければならない毎日でした。

社長は「仕事ができる奴にはどんどん新規案件を任せる」という主義。つまり、結果を出せば、それだけ出世も早いということです。

そこで自分の強みと弱みを考えてみると、集中力はあるほうですが、マルチタスクが苦手なことがわかりました。3つの案件を同時にこなすのが精いっぱいで、スケジュール管理もうまくいかず、いつも余裕がない状態だったのです。

そんなとき、あるスポーツ選手が呉真由美さんの「速読脳トレ」をやっていることを知り、興味を持ちました。そのスポーツ選手のパフォーマンスは素晴らしく、あっという間に世界で活躍する選手になったのです。

自分もその選手の活躍にあやかりたくて、「速読脳トレ」を始めることにしました。

最初はなかなか毎日続きませんでしたが、忙しい仕事の合間にトレーニングをするようにしました。そのうち気が付いたら、集中しながらいくつもの案件をこなせるようになったのです。

あるとき社長に呼ばれて、こう言われました。「来月から部長代理としてやってもらうから、よろしく」。

入社3年目の自分が、幹部候補になれたのも、「速読脳トレ」で頭の回転が速くなったおかげだと思っています。

治療がスムーズに進み患者さんをお待たせする時間が格段に減った

（歯科医師・50歳）

私は歯科医院を経営しています。

歯科医院での仕事は、自ら患者さんの治療に当たると同時に、院長として医院全体を把握し、適切な指示を出す必要があります。以前はこのことがとても苦手で、1人の患者様の治療にのめり込むと、ほかのことが見えなくなっていました。一度にたった1人の患者さんのことしか考えられなかったため、隣の診察台での治療状況の報告を受けることすら、わずらわしく感じていたのです。

しかし、呉先生の「速読脳トレ」講座を受講してからというもの、時間や待合室の状況を把握しながら治療することができるようになり、診察室内の患者さんにどのような治療が行われているか、どの程度進んでいるかを気にかけながらも、自分の治療もはかどるようになりました。「速読脳トレ」をするようになってから、頭のなかにいくつもの引き出しが同時に開くようになったように思います。結果、医院全体の治療がスムーズに進むようになり、患者さんをお待たせする時間が格段に減りました。

さらに、忙しくてもイライラしなくなりました。視野が広くなり、仕事の処理速度が速くなったので、忙しいときでも心に余裕が持てるようになりました。

EPILOGUE

最後までお読みいただき、ありがとうございました。

「KUREメソッドの速読脳トレって何?」「どうして情報処理能力がアップするの?」「本当にタイパがよくなるの?」と思って、本書を手に取ってくださったみなさんに、科学的エビデンスや実体験も含めてノウハウや考え方をお伝えしてきました。

それでもまだ、文字を速く見るだけで、本当に頭の回転が速くなって、仕事がサクサク進むようになるのか、信じられない人もいるかもしれません。

本書のなかでも少し触れましたが、私はもともといろいろ考え込んでしまい、行動できないタイプの人間でした。今の私しか知らない人が聞いたら、きっと驚くと思います。

いろいろ考え込んでいる間、人の思考は止まっていますが、時間はどんどん流れています。自分では深くいろいろ考えているつもりでも、結論が出ずに行動できないのだとしたら、頭の回転はのろのろ運転で鈍っている状態なのです。

どんなお金持ちや成功者でも、1日は24時間で変わりません。これだけは人類平等の条件です。それを思うと、ぐるぐると同じことを考えて悩んで動けない時間は、なんてもったいないのだろう、と痛感したのです。

「速読脳トレ」をすると、たとえ頭のなかで「A、B、C」の選択肢があったとしても、迷いもなくベストな選択ができるようになります。

それ以上に、自分があれこれ動かなくても勝手にいいタイミングでチャンスが訪れています。すべてが「ベストタイミング」の毎日です（笑）。

このような話をすると「速読脳トレ」とは別の話だと思う人もいるかもしれません。

でも結局、あれこれ考えるより、行動したほうが早いのです。理屈やエビデンスや結果を気にしているより、結果につながればいいのです。

このように言い切れるのは、自分自身が実感して、多くの方々も「速読脳トレ」で結果を出してきたのを目の当たりにしてきたからです。

頭の回転が速くなれば、一番いい選択をすることができます。そして、トラブルの対処も速くなるので、失敗が怖くなくなります。

そのうち成功パターンを見出せるようになり、他人の感情や変化もいち早くキャッチできるので、良好な人間関係も築けるようになります。

チャンスは人が運んできます。ジタバタしなくてもいいタイミングで、必要なチャンスがやってくる、というのは本当の話です。

仕事のタイパも大切ですが、「速読脳トレ」を継続すると、その先のもっと大きなチャンスと自己実現を手にすることができるのです。

本書はＫＵＲＥメソッド「速読脳トレ」を仕事に活用することをメインに書かせていただきました。「速読脳トレ」をまったく知らなかった人も、これまで継続していただいていた人にも、具体的に活用しやすいように基本と応用を紹介したつもりです。

あとは実際に実践してみて、仕事のタイパを上げてください。そして、私に会ったとき、その結果を報告してくれたらうれしいです。

どうしたら会えるか……？　それは頭の回転が速くなったみなさんが、勝手にチャンスを引き寄せるので大丈夫です。

そういう意味でも、まだまだ脳の可能性は無限大！　私はこれからも、みなさんの夢の実現のお手伝いのために、日本全国、いいえ、地球のどこへでも駆けつけたいと思っています。

本書にかかわってくださったすべての方々に、心からの感謝を込めて。

ＫＵＲＥメソッド「速読脳トレ」コンサルタント　呉　真由美

本文デザイン・イラスト／吉田恵子

編集協力／ FIXJAPAN　堤澄江
戸倉順平

著者紹介

呉 真由美（くれ まゆみ）

一般社団法人脳開コンサルタント協会会長、速読脳トレコンサルタント。
単に本を速く読めるだけにとどまらない、仕事やスポーツ、勉強など、あらゆる場面で使える「速読脳トレ」を提唱し、全国でセミナーを開催。受講生は小学生からビジネスパーソン、会社経営者、医師、芸術家、プロスポーツ選手など多岐にわたる。特に、スポーツでは野球、サッカー、キックボクシング、テニスなど、さまざまなプロのアスリートにも速読脳トレーニングを行う。著書に『スポーツ速読完全マスターBOOK』『1日5分！　脳波で実証！　物忘れ＆認知症予防　速読脳トレ』（ともに扶桑社）、『「速読脳トレ」で成功する勉強法』（辰巳出版）など。

＊「速読脳トレ」は登録商標です。

「仕事力《しごとりょく》」を一瞬《いっしゅん》で全開《ぜんかい》にする
10秒《びょう》「速読脳《そくどくのう》トレ」

2024年7月14日　第1刷

著　者　呉《くれ》　真《ま》由《ゆ》美《み》
発行者　小澤源太郎

責任編集　株式会社 プライム涌光
電話　編集部　03(3203)2850

発行所　株式会社 青春出版社
東京都新宿区若松町12番1号 〒162-0056
振替番号　00190-7-98602
電話　営業部　03(3207)1916

印　刷　中央精版印刷　　製　本　ナショナル製本

万一、落丁、乱丁がありました節は、お取りかえします。
ISBN978-4-413-23366-8 C0030